旱地冰球运动
FLOORBALL

袁勇 编著

东华大学出版社
上海

前　言

随着社会的飞速发展，人们的物质生活水平不断提高，为了满足人们需求的多元化，各行各业不断涌现出新的事物，体育行业也不例外。旱地冰球（floorball）就是受冰球（hockey）启发而诞生并不断发展壮大起来的新兴团队体育项目。短短的几十年发展，由于其集健身、娱乐为一体，具有速度快、安全性高、趣味性强、简单易学等特点，迅速在全世界范围内开展起来。我国也于2007年引进了该项目，并在部分大、中小学试点起来。截止本书出版之时，全国共有十几个省市开展了这项运动。旱地冰球作为当前学校体育教育改革内容的积极补充，在实践过程中体现出了较好的效果。然而，在实际教学过程中，由具有较高专业水平和教学能力的师资力量匮乏，以及缺乏专业的旱地冰球教材，该项目始终无法大范围的在学校推广。笔者在几年的旱地冰球教学过程中，深感专业教材的重要性，因此，编写一本既适合教师教学使用也适合旱地冰球爱好者自学使用的专业书籍就成为笔者的一种责任和日益强烈愿望。

本书总体上有以下几个特点：

一、结构体系比较完善。本书共分七章，分别从旱地冰球概论、旱地冰球基本技术、基本战术、教学与训练、竞赛规程等几个方面，从宏观到微观进行了详细的描述。本书力求把旱地冰球放在现代社会发展的大背景下，以符合现代体育教育规律为主要原则，以提高学习者兴趣为主线，以更开放的视野把握旱地冰球运动的基本内涵。

二、内容的新颖性与时代性。本书介绍了最新的旱地冰球器材，增加了最新的旱地冰球冰球技战术教学与训练方法，吸收了当今最流行的技战术打法、最新的国际旱地冰球比赛规则等，力求能更有效、更充分地发挥本书的指导作用，也给练习者和研究生提供新的思路。

三、理论与实践相结合。本书避免以纯理论来与读者进行交流，既用通俗易懂的语言简明扼要地解释动作要领，又用丰富的图片加强读者的直观体验；既注重教学过程贯彻教学规律，又注重激发读者练习的兴趣。全书的具体范例即用文字进行详细描述，又以详尽的路线图进行标识，使读者一目了然。

本书内容涉及教育科学、运动与训练、体育教育学、体育人文社会等多学科的理论知识，也参考吸收了其他运动项目的研究成果与经验，并借鉴了众多专家和学者的研究成果与经验。无论是涉及或引用或吸收借鉴，鉴于编者的经验和水平，如有使用不当、或错误之处，还请同行、读者多加批评指正。在此，特别感谢上海理工大学倪伟教授、新加坡前国家队队员许文光（Kelvin）的大力支持，感谢本书的图文制作上海交通大学袁国振同学，感谢我的学生廖新强、戴芳、覃旭照的演示，感谢我的家人对我工作的支持。

本书既可作为大、中小学体育专业教师的教学用书，也可作为各培训机构学习参考书，还可作为广大体育运动爱好者自学用书，以及学校体育管理部门的业务参考书。

袁勇

2014年10月19日于上海

目 录

第一章

旱地冰球运动概述

第一章 旱地冰球运动概述

第一节 旱地冰球的起源和发展

一、旱地冰球（floorball）的起源

作为一项新兴的现代体育运动项目，旱地冰球出现在人们视野中不过短短的几十年。最早的雏形出现在20世纪50年代。当时美国明尼阿波利斯市的莱克维尔地区（Lakeville, Min n eapolis）塑料制品工业比较发达，工人们在业余时间经常制作各种塑料玩具。一次偶然的机会，他们设计并生产出一种类似于曲棍球、带有拍头的塑料球杆。闲暇时光，工人们就使用这种球杆进行类似于冰球的体育活动，深受工人们的欢迎。工人们在游戏中不断积累经验，并形成了相应的规则。为了方便推广这项运动，他们将这项运动命名为地板曲棍球，注册了Cosom品牌并生产出各式塑料球杆以及与运动相关的产品。之后在相当长的一段时间里，Cosom地板曲棍球便在加拿大和美国地区流行起来。在北美和加拿大地区也相继举办了一系列地板曲棍球比赛，但主要是在儿童和青少年之间开展。上世纪60年代初期，在美国密西根的巴特格里克（Battle Greek）举行了一次规模盛大的地板曲棍球锦标赛。此后，地板曲棍球逐渐走进了竞技体育的大舞台。

1968年，Cosom塑料球杆被引进瑞典。瑞典哥德堡人卡尔·安维斯特（Carl Ahlqvist）去荷兰旅游时在玩具店里购买了几根Cosom塑料球杆。当时，他觉得拿这些球杆玩耍

时肯定比较好玩，于是就把这些球杆带回了瑞典。回到哥德堡，他和学生们经常一起打球，并从中发现了很多乐趣。几年后，卡尔成立了一家专门生产塑料球杆的公司，进行了规模化生产，开始了旱地冰球推广之路。尽管卡尔将旱地冰球带进了瑞典，但并不能说是他发明了旱地冰球，因为当时的旱地冰球仅仅还是个雏形，缺乏完整的竞赛规程，场地也没有进行标准化，一切都还处于摸索阶段。旱地冰球真正的兴起还得追溯到20世纪的70年代。1976年以来，瑞典的学校普遍都开展了旱地冰球的教学课程，莎拉市的学校也不例外，而且学校都提供相应的器材。当时，萨拉一位名叫克里斯特·加斯特瓦松（Christer Gustavsson）的高中生平时也由于兴趣的关系经常和朋友们一起打旱地冰球，但也仅限于兴趣爱好。高中毕业后，克里斯特计划为那些无所事事的年轻人做点事情。于是他召集了一些好友在家里开始制定一些旱地冰球的竞赛规则，例如扩大了球场的范围、增加了更大的球门、增加了专职守门员等，进一步将旱地冰球规范化。有了统一的竞赛规程，小伙伴们之间就按照既定的规程开始了旱地冰球比赛，开始是在好朋友之间，慢慢地推广到全市范围。随着竞赛的逐渐规范，各级比赛不断增多，这项运动在莎拉大获成功。1979年9月21日在莎拉成立了瑞典历史上第一支，也是世界上第一支专业旱地冰球俱乐部"莎拉旱地冰球俱乐部"，随着旱地冰球在瑞典的开展，很多业余俱乐部逐渐转为职业旱地冰球俱乐部。如果说20世纪70年代是瑞典旱地冰球开始时期，那么80年代就是瑞典旱地冰球的发展时期。20世纪90年代瑞典旱地冰球取得了突破性的发展，全国范围内有超过1 600家旱地冰球俱乐部，大约有90 000人参与到旱地冰球这项运动当中，其中三分之一是青少年，这给瑞典旱地冰球的腾飞打下了坚实的基础。

二、旱地冰球的发展历程

1986年4月12日，由瑞典、芬兰和瑞士联合发起在瑞典的胡斯克瓦纳（Huskvarna）成立了国际旱地冰球联合会（IFF）。1991年丹麦和挪威也加入了国际旱地冰球联合会。1993年，国际旱地冰球联合会第一次全体会议在瑞士的苏黎世举行，IFF正式投入运行。同年，匈牙利也加入国际旱地冰球联合会。次年，在丹麦的赫尔辛基和瑞典的斯德哥尔摩分别举行了第一届欧洲杯女子旱地冰球比赛和欧洲男子旱地冰球比赛。这次比赛的举行，标志着旱地冰球运动正式走入世界体育竞技大舞台。1994年在丹麦举行了第一节欧洲男子旱地冰球锦标赛，同年，捷克和俄罗斯加入IFF。1996年在瑞典举办了第一届世界男子旱地冰球锦标赛，1997年在芬兰举行了第一次世界女子旱地冰球锦标赛。2001年在德国举行了第一届男子19岁以下世界旱地冰球锦标赛。2002年在瑞典举行了第一届世界大学生旱地冰球锦标赛。2000年国际旱地冰球联合会正式被吸纳为国际单项体育联合会正式成员，2011年7月正式获得国际奥林匹克委员会的认可。

自1986年国际旱地冰球联合会成立以来，短短的二十几年间，这项运动得到了飞速发展。截止到2013年，全世界共有57个国家加入国际旱地冰球联合会成为其会员（表1-1-1）。注册的旱地冰球职业俱乐部有4365家，注册的职业运动员人数达到293 088，业余选手则高达1 256 030人。由国际旱地冰球联合会主办的大型赛事如欧洲锦标赛、世界锦标赛以及欧洲冠军杯每年举办一次。每奇数年举办世界女子19岁以下旱地冰球锦标赛，每偶数年举办世界男子19岁以下旱地冰球锦标赛。瑞典、芬兰和瑞士三国仍然占据着当今世界旱地冰球运动的至高点，基本上垄断了各大赛事的冠军席位。特别是瑞典，世界上65%的职业运动员来自瑞典。

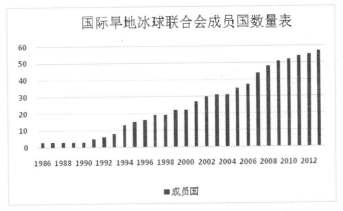

表1-1-1　国际旱地冰球联合会成员国数量表

第二节

中国旱地冰球运动的发展简况

　　旱地冰球运动大约在 21 世纪初出现在国内，在北京、上海等大都市出现了旱地冰的身影，当时主要是在一些在华工作、学习的北欧人士圈内流行。而正式在国内进行推广则是在国际旱地冰球联会主席托马斯.埃里克森（Tom as Eriksson）2007 年拜会了当时的国家体育总局局长助理肖天之后，国家体育总局体育科学研究所与芬兰EXEL公司合资成立的公司北欧体育用品（北京）有限公司主导了当时的推广工作，通过与北京各大高校的合作，例如与北京大学、清华大学、中国农业大学等的合作，在这些高校开设了选修课程。北大附中也在于芬兰罗素中学的交流和合作中将旱地冰球项目引入，在学校开设了选修课程。2007 年 12 月，北欧体育与北京市教委联合举办了北京市部分学校旱地冰球教练员培训班，开启了旱地冰球进校园推广的第一步。

2008 年旱地冰球开始在上海进行推广，在上海旱地冰球外籍俱乐部 SharkClub 成员以及上海各高校教师的共同努力下，旱地冰球这项运动在上海得到了蓬勃的发展，已然成为全国旱地冰球运动开展的翘楚。截止到 2013 年底，上海共有十几所高校开设了正式的旱地冰球课程，并定期举行各校之间的交流比赛（图 1-2-1），越来越多的学生认识、加入并喜欢上这项充满魅力的新兴体育项目。2012 年开始，国际旱地冰球联合会（IFF）与上海赛我体育有限公司展开合作，定期在中国开展旱地冰球教练员和裁判员的培训工作。2013 年，在珠海举办。2014 年，在北京举办。培训期间，IFF 派出了以秘书长约翰.里杰兰德（John Liljelun d）为首的培训团队，显示了对中国旱地冰球发展的高度重视，通过几次培训，为旱地冰球的发展储备了一定的专业人才，培养了一批有志于旱地冰球运动的爱好者。

图 1-2-1

作为一项新兴的体育运动项目，其被人们所认识、熟悉、接受并喜欢还有一段相当漫长的路程要走，这需要所有热爱旱地冰球人士的共同努力。令人欣喜的是，在短短的几年时间，全国已有十几个省市的大、中小学开展或准备开展旱地冰球运动，说明旱地冰球这项运动越来越得到人们的认可，相信在不久的将来，旱地冰球运动必将走进各类学校、走进家家户户，成为人们业余体育生活中不可或缺的一部分。

第二章

旱地冰球器材及其保养

第二章

旱地冰球器材及其保养

第一节 购买正确的球杆

自旱地冰球运动起源以来，旱地冰球器材的数量和质量不断得到改进。曾几何时，大多数的器材都大同小异。而如今，一名运动员所面临的选择可谓多样。这是一种积极的发展态势，因为只有这样，每名运动员才可以购买到各自得心应手的旱地冰球运动器材，从而更好地促进这项运动的发展。下面详细介绍如何正确地进行球杆的选择。

一、完整球杆

购买或者选择一根球杆时，有很多你应当考虑到的事情，本部分的介绍将帮助你更好地进行球杆的选择。你所考虑到的每一点并非都很重要，然而，选择左手或右手杆绝对是在购买球杆时要优先考虑的最重要一点。第二点要考虑的就是球杆的长度。值得庆幸的是，球杆的长度可以进行修改（缩短），这意味着如果你购买的球杆过长，就不必再购买新的球杆，只需将原有球杆缩短即可，当然，如果购买的球杆过短，则无法进行修改，只能重新购买新的、适合自身长度的球杆。第三点要考虑的是拍头的弧度以及硬度。通过以上三点的慎重考虑，接下来就可以对自己要使用何种球杆进行一个比较好的选择。

9

购买球杆时，一般情况下要购买具有国际旱地冰球联合会（International Floorball Federation）认证标志的球杆（图2-1-1）。这种认证不仅仅是在各级联赛或官方正式比赛所要求的，更重要的是一种安全认证。只有当厂商生产的球杆达到国际旱地冰球联合会的严格要求并通过可靠的安全检测才被获准将IFF认证标志贴于球杆之上。

图2-1-1　IFF认证标志的球杆

当你在购买球杆时，如果有些应该注意的事项，销售并没有告之，你可以进一步进行询问，获得你想要的答案。由于许多厂商在自己的网站上会对自己的球杆进行详细的介绍，因此你也可以上网进行查询。如果你真的在购买球杆时很挑剔，深怕会在购买时遗漏一些相关的信息，那么这些网站也是值得去访问的。

可能看了半天，你还一头雾水，那么下面我们就用图片来解释一下。

图2-1-2　旱地冰球球杆

图2-1-2可以帮助我们很好地理解旱地冰球球杆不同部分的称谓。整个球杆的完整状态我们称之为球杆，拍头是进行击球的部分，杆体是长条圆柱型部分，杆体的顶端部分通常都包裹着绷带，我们称之为手柄。绷带有助于更好地握紧球杆。

二、拍头的选择

当选择球杆时，挑选拍头是最重要的一步。选择拍头时，感觉最重要，当你握住球杆时，可以自由选择右手握在球杆上端还是左手握在上端，只要觉得握的舒服、合适，挥拍顺畅就可以。不要以习惯性的思维简单地通过使用者是左撇子或者右撇子来判断左、右拍头的使用。也不要受高水平运动员使用哪种拍头的影响，是否选择左手拍或右手拍完全取决于自己。一旦做出了错误的选择，将会较大程度上影响自身技术水平的发挥。

究竟适合使用左手杆或右手杆，可以通过一个简单的动作来得出结论，只需任意拿起一根球杆，随意在地面上挥舞，短短的几秒钟内，你就会发现何种方向拍头的球杆使用更顺手，如果还不能确定。可以分别使用左手方向拍头的球杆或者右手方向的球杆进行几 min 的传球、射门练习。此处，左手拍或右手拍是指射门时身体所在的左、右两侧。如果射门时，拍头处于身体的左侧，且右手握在球杆的顶端，左手握住绷带包裹处的下端，即左手在下方，我们通常称之为左手杆（图 2-1-3），此时，拍头凹面与射门方向相反；如果射门时，拍头处于身体的右侧，且左手握在球杆的顶端，右手握住绷带包裹处的下端，即右手在下方，我们通常称之为右手杆，此时，拍头凹面与射门方向相反（图 2-1-4）。在一些曲棍球运动盛行的国家，运动员倾向于选择右手杆，而在一些冰球盛行的国家，运动员倾向于使用左手杆。但是，这对个人在选择使用何种球杆时，并无参考价值，只需选择最适合自己的球杆即可。

作为右撇子，选择在身体左侧方向进行射门通常会给你更好的球感。有些人发现，通过几周时间的练习，可以从右手杆改为左手杆进行练习。而有些人又发现，即使通过长时

图 2-1-3　左手杆　　　　图 2-1-4　右手杆

间的练习也无法改变最初习惯的射门方向。此时，应该不必强迫自己来改变，即使所有队友使用球杆方向都与你不同，或者是你所熟知的顶尖运动员也使用着与你的拍头方向相反的球杆。这也能从另一面更好的解释，为什么有的拍头是直的而不是弯曲有弧度的，这种球杆对于左、右手球杆使用者而言都适用。然而，对于右撇子来说，通常都使用左手杆，即右手在球杆的顶端，因为右手握住球杆顶端可以更好地掌控和运用球杆。反之，左撇子通常习惯于使用右手杆。

三、球杆长度的选择

　　球杆长度是你在购买或选择球杆时应该考虑的第二要点。如果可能的话，尽可能尝试不同长度的球杆。本书只针对一般情况下，对球杆长度选择的建议（表 2-1-1）。具体选择使用何种长度球杆，则以个人使用体验为主。

表2-1-1　球杆长度对比

身体高度/m	球杆长度/cm
1.3以下	70
1.3~1.45	75
1.45~1.55	80
1.55~1.65	87
1.65~1.75	92
1.75~1.95	95~100
1.95以上	100

选择球杆后，可以对球杆进行缩短。有些厂商生产的球杆通常都较标准稍长，便于购买者对球杆进行改造，但是必须注意的一点是，绝对不可以将球杆从拍头位置进行缩短，这不仅是因为旱地冰球运动规则上对此行为予以禁止，更重要的是这种行为将带来很大的危险性。

一般而言，我们在选择适合个人的球杆长度时，以个体原地站立，球杆顶端置于地面，拍头位置抵达肚脐眼或超过肚脐眼5 cm 的长度为最佳（图 2-1-5）。儿童和青少年有时会使用较长的球杆，高度到达胸部。但是，即使是更小的练习者，球杆高度都不能再超过胸部的高度，因为那样会引起错误的移动，从而伤害到背部。

使用更长的球杆通常能增加球员的控制范围，对运动员的背部也有好处，不至于长期弯着腰，弓着背，使得背部肌肉得到放松。防守型球员通常较乐意选

图 2-1-5　球杆长度

择较长的球杆，有助于增加防守范围。然后，并非越长越好，最重要的一点还是要基于本人使用时的舒适程度及有利于技术水平发挥为主。相反，稍短的球杆更有利于快速控制球。当跑动中进行运球、变向、假动作时，短球杆具有充分的优势

当购买或选择球杆时，我们可以根据表 2-1-1 的数据进行选购。选择时，结合自己的身高和使用感受进行综合考量。

四、球杆强度的选择

球杆的硬度和弹性是旱地冰球术语中很重要的一部分。弹性表述了球杆的柔韧程度。而硬度则表述了球杆的刚性强度，选择正确地硬度和弹性绝对有助于更好地进行旱地冰球练习。弹性是在选择球杆时要考虑的第三个最重要的标准。如果不能确定使用何种弹性的球杆，可以从弹性较低的球杆开始尝试。

力量型球员倾向于使用强度高、韧性好的球杆，这是因为他们在击球时通常使用更大的力量在球杆上，使得球杆弯曲，充分借助球杆自身的弹力从而产生更大的击球力量。强度高的球杆有时产生的作用力也大，但这并非绝对的。

一根球杆的弹性指数通常都会直接标识在球杆上，24 mm 表示非常硬；27 mm 表示硬；30 mm 表示中等程度；35 mm 表示柔软即弹性较高。女性球员使用的球杆，典型的硬度在26~32 mm 之间。男性球员使用的强度范围通常在 24~28 mm 之间。青少年球员使用的球杆强度范围通常高于30 mm 。这意味着儿童青少年不能使用顶级球杆，因为好的球杆强度通常都很高。儿童青少年使用太硬的球杆会影响到技术水平的提高。

就专业技术而言，弹性是指当球杆被作用 30kg 重的力时，杆体的弯曲程度（图 2-1-6）。一小部分球杆有两种弹性指数，取决于在球杆上施加作用力的位置。例如有些球杆

在底端和顶端标志着不同的弹性指数。

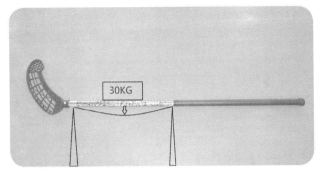

图2-1-6　球杆弹性测试

五、球杆重量的介绍

大多数球员喜欢使用分量轻的球杆，球杆越轻，越容易控制。不幸的是，轻质的球杆往往也很脆弱，经常断裂，通常情况下，价格也更昂贵。因为在制作分量轻的球杆时，使用的材料都是比较昂贵的。幸运的是，随着旱地冰球的发展，越来越多的人参与到这项运动当中，厂商也加大研发力量，使得球杆质量不断得到提高，分量不断减轻，同时价格也不断下降，出现断裂的情况越来越少。

选择球杆时应该选用分量轻的球杆以便于增强对球的控制。分量重的球杆也许可以给你更大的击打力，但是你必须足够强壮，以应付这额外多出来的力量。除了分量以外，击球时还有其他一些因素比球杆重量更能影响到击球的力度，比如技术的运用或者不同的拍头类型等。如果球杆太重，手臂及手腕会快速倦怠，引起人体感觉疲劳造成控制球能力的下降。在购买或选择球杆时，通常都会被告之球杆的具体重量。在选择时进行仔细识别，有些球杆标识的是杆体的重量而非整根球杆的重量（包括拍头和绷带）。一根完整的球杆重量通常在 250~300 g 之间。

在制作旱地冰球球杆的杆体时，有多种材料可以选择，例如玻璃纤维、聚碳酸酯以及碳素纤维等。一般情况下，使用何种材料直接反映在球杆的价格上。碳素纤维的价格最高，聚碳酸酯的价格最低。旱地冰球发展的今天，球杆的材质呈现多样化的趋势，复合型材料的应用也很普遍，例如碳复合材料，石墨和碳结合的材质是最为贵重的一种。一般而言，玻璃纤维材质的球杆只适合初学者使用。

六、杆体的形状

购买或选择球杆时，球杆的杆体形状通常都会被告之，即使没有，当你把球杆拿在手上，杆体的形状也显而易见。究竟是选择圆柱形的还是椭圆形杆体的球杆，这取决于个人偏好，不同形状杆体的球杆彼此之间并无优劣之分。更何况，通过一段时间的练习，个人很快就会适应不同形状的球杆。高水平运动员可以在圆柱形或椭圆形杆体的球杆之间自由切换图（图 2-1-7）。

图 2-1-7　球杆的形状

选择半椭圆形杆体的球杆较普遍，这种球杆顶端是椭圆形，底端是圆柱形。其他还有一些特殊的形状，例如气泡形状和弯曲形杆体，这种气泡就像定点技术，可以增加击打时的力量。这种气泡数量没有固定，一般是在 1 到 9 个之间。尽管气泡看上去会比较特别，但是并不会影响到个人使用。弯曲形状杆体的球杆存在的目的是为了更好地改善球杆对球的控制力。对大多数球员而言，这种改变并不会很明显，通过一段时间的练习，也感觉不到会对提高控制球能力有什么促进，只有那些高水平运动员才有可能觉得类似特殊形状杆体的球杆会对提高控球能力有所帮助。

七、拍头的介绍

拍头是球杆不可或缺的最重要的一部分，球的控制主要通过拍头来完成。在杆体上套上拍头才是一根完整的球杆。

1. 拍头材质

球拍头是由塑料或者尼龙复合物制成（图 2-1-8）。添加不同的材质会改变拍头的硬度。拍头的软硬程度由制造商来决定，拍头的颜色与软硬度毫无关联，许多硬度一致的拍头，颜色都不相同。偏软的拍头更有利于对球的控制，因为偏软的拍头可以对球的弹性进行更好的缓冲。偏软的拍头也更有利于进行精准的传球和手腕发力射门。相反的，偏硬的拍头击打力更强，有利于击出更快速度的球。我们在衡量所有这些选择时，个人的喜好总是扮演着决定性的角色。大多数球员似乎更乐于选择那些硬度介于最软和最硬之间的拍头。一般而言，尼龙（PA）和聚丙烯（PE）材质较硬，而高密度聚乙烯（HDPE）材质较软。也可以通过添加其他一些材料来改变拍头的软硬程度。

图 2-1-8 各式拍头

2.拍头开口

开口是对拍头形状的描述,如图2-1-9所示。我们说一个拍头具有开口时是指当拍头垂直于地面,底端触地部分向前突出形成一定的弧度。通常我们用百分比来表示这个弧度,例如5%。这个百分比越高,拍头的开口就越大。

图2-1-9 拍头开口

一般而言,拍头的开口越大,就越容易提拉球,让球滚上拍头或者将球传上高处。然而,如果开口太大,传球时就很难将球控制在地板上。选择开口很大的拍头进行射门时,球大部分时间都将高出球门横梁。因此,在购买或选择时,一般商家不建议你使用开口过大的拍头。如果个人觉得开口不合适,可以再进行相应的调整,大多数球员都会选择具有一定开口的拍头,当然,最好的办法就是进行实际体验,以寻找最适合个人使用的拍头。

3.拍头凹处

由于可以对拍头的开口进行调整,而拍头的凹处又是拍头的一个重要特性,它描述了拍头增加与球接触程度的高低。如图2-1-10所示,拍头凹处是指拍头中间部向外凸起,而上、下两端保持不变所形成的凹面。其中拍头凹处最深处与拍头两端水平线之间的距离受到国际旱地冰球联合会竞赛规则的限制，即不能超过 3 cm。具有更深凹处的拍头意味着更加快速的手腕发力击打以及对球更好的控制感，与此相对应，凹处较浅则意味着更加精确的传球，然而，这种精确和控制并非绝对化，如果竞技水平高超，拍头凹处深浅与否并不显著降低传球的精确程度。

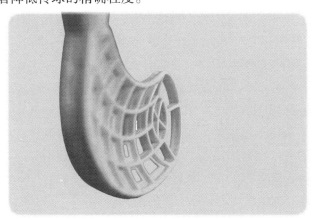

图 2-1-10　拍头凹处

并非所有拍头都具有开口和凹处。如果要有的话，通常也是以毫米计算。对于厂商来说，常用的表述方式即具有凹处拍头（相对于扁平状拍头）或具有更深凹处的拍头（相对于轻微凹处的拍头）。而有些拍头是专门为了花式表演而设计的，这些拍头通常都具有很深的凹处，而且这种凹处不受竞赛规则的限制。由于这种设计的拍头可以做出难度更大的花式动作，使用者通常表演难度更高的球技，从而展现出独特的技术特色。

4.拍头形状

拍头的形状多种多样，种类也繁多。不仅不同的厂商生产的拍头形状各不相同，就连同一家厂商通常也会生产不同形状的拍头。通常意义上，设计体型稍小的拍头是为了更加快速的控制球，而设计个头较大的拍头则是为了增加与球的接触面。较细的拍头可以给球员更好的触感，而较厚的拍头则在击球时表现的更稳定。如果你认为拍头的形状是在购买或选择拍头时应该考虑的一个重要因素，则可以进行精挑细选。有一点需要注意到是，不是所有的拍头都适用于所有的球杆（具体见"更换拍头"章节）。一旦拍头和球杆之间可以相互搭配，则更换拍头就变成一件相对容易的事情。

就拍头的形状而言，没有什么是最好的，更多的还是根据个人喜好。拍头的改进和革新则交由厂商根据球员的使用反馈进行相应的改进。虽然拍头形状没有固定的选择，但是有些拍头还是根据球员在球场上的位置来进行设计，例如后卫用拍头或前锋用拍头。大多数球员不太在意拍头的具体形状如何，就像不太在意球杆的形状一样。一般通过一段时间的训练，球员很快就会适应新的拍头。

5.拍头置于地面时的位置

拍头置于地面时的位置是指拍头底端与地面平行且置于地面时，球杆杆体与地板之间的角度。它描述了球杆与身体之间的距离（图2-1-11所示）。角度越大则球杆离开身体越近，角度越小则球杆离开身体越远。大角度有利于快速转身及做假动作。

球杆的位置通常不被要求，也只有为数不多的球员会注意到这一点，就像选择拍头形状那样，经过一段时间的训练，球员会逐渐适应并忽略这一点。选择一根新球杆时，通常很难区分新旧球杆之间到底有什么区别，而位置仅仅是众多考虑因素当中无关紧要的一点。

图 2-1-11

八、绷带

绷带的种类五花八门，数量众多。厂商生产出各种不同的绷带，选择何种绷带，完全依据个人喜好。有些球员喜欢黏性强的绷带，而有些球员则喜欢真皮材质的绷带。大多数新的绷带都有一定的黏性，摩擦力较强，但是通过一段时间的使用，黏性会逐渐降低，此时可以用肥皂水对绷带进行清洗。

所有绷带都有一定的使用期限，最终都会磨损。有些绷带可以进行一定程度的缝补，从而延长其使用寿命。使用绷带的好处是当绷带破损以后，不必借助任何工具就可以进行更换。并且和拍头相比，绷带并不需要和特定的球杆进行匹配，几乎适用于任何球杆。这意味着，如果你想要买花哨点的绷带，直接到商店就可以购买到心仪的绷带，而无需考虑任何其他的因素，如你的朋友那里有你想要的绷带，也可以直接拿来用在自己的球杆上。

如果居住地距离商店较远，更换绷带可能会比较麻烦一点。但是随着网店的普及，这种情况有所改善。有些运动员喜欢使用网球专用的绷带，这也未尝不可。但是相比较而言，用旱地冰球绷带还是具有更多的优势。首先，它是旱地冰球专用，设计时就考虑到旱地冰球的特性，所选用的材质可能也更适合旱地冰球使用。其次，旱地冰球专用绷带一般都更细、更轻，这意味着整根球杆的分量也不会过重。再次，旱地冰球专用绷带长度正好合适，而使用网球绷带则需要一至两根绷带才能完全包裹住手柄。最后，旱地冰球专用绷带都是修剪得体，打开包装即可使用，无需进行进一步的加工。

九、总结

购买或选择球杆时有很多要考虑的因素。有些因素对许多球员来说微不足道，而有些因素则相当重要。选择正确的拍头方向非常重要：是习惯在身体左侧射门还是在右侧射门。球杆的长度也很重要，对于长度而言有一点值得欣慰，即球杆可以进行缩短。球杆的强度是另外一个关键因素。总而言之，最好的办法就是使用球杆进行实践，但是当一时无法做出正确的选择时，至少考虑以上三点重要的因素。

最后，购买或选择球杆最好的办法就是选择一根球杆进行实践体验，因为，通常我们考虑的许多方面都最终取决于个人喜好。如果感觉正确，可以使用球杆进行良好的传球、接球以及精准的射门，那你已经选购了一根正确的适合自己的球杆。

第二节

其他旱地冰球器材和装备的选购

一、球鞋

市面上专门为旱地冰球特制的球鞋非常少。这意味着，球员的选择非常有限。虽然理想当中旱地冰球专用球鞋具有很多好处，但是也有一些是你在选购球鞋时优先应该考虑的事情。首先，球鞋必须合脚，在购买前必须进行试穿，并且跑上一小会。球鞋必须紧贴你的脚，但不能贴的太紧。购买一双合脚的鞋远比购买一双虽然专业但不合脚的鞋更合适。穿着一双不合脚的鞋运动非常危险，有可能给自身带来严重的伤害。

旱地冰球比赛通常都在室内进行，购买一双适合室内运动穿的鞋非常重要（图2-2-1）。球鞋应该非常牢固，因此真皮是一种很好的材质，硅胶鞋垫或气垫鞋对缓冲下肢关节有好处，但是户外跑步鞋就不适合打旱地冰球时穿，因为打球时经常有做急停、急转动作，脚趾头会戳穿跑鞋的网面，从而造成一定的伤害。而且在打球时，跑步鞋对关节没有足够的支撑。一般而言，室内场馆适用的运动鞋都是为了排球、手球、篮球等项目设计的，能从很大程度上满足高强度运动的要求。网球鞋也不是特别适合打旱地冰球时穿，但是比户外跑步鞋要好得多。虽然网球鞋很牢固，但是它们鞋底的花纹不是特别适合室内场地，至少比其他室内运动专用鞋要差。如果在硬木地板上打球，且地板不是很干净，网球鞋就很容易滑。切记，在室内场馆进行运动时，永远不要穿着在户外运动时穿的鞋进入场地，这不仅是因为这很有可能把室内场地弄脏，更主要的原因是如果地板上有灰尘或者泥浆，很有可能对在场地上运动的球员产生严重的伤害。

穿着合适的球鞋打球非常重要。好的球鞋可以支撑你更好的移动，最大程度上避免运动伤害。选择一双适合室内运动的球鞋也是非常重要的，这种类型的球鞋可以给你的快速急停、变向等提供足够的支撑。专门为旱地冰球设计的球鞋少之又少，因此在选择时不必纠结，跑步或训练鞋磨损非常快，无法给脚底提供足够的支撑，因此，不宜选择。

图2-2-1　球鞋

二、配件及球员配饰

对旱地冰球球员而言有大量的配件可以选择。出于安全的目的，防护眼镜是最重要的配件。相比较于其他一些安全措施，旱地冰球防护眼镜不仅能保护眼睛的安全，更是一种时尚。球员一般都会被推荐使用保护眼镜（图2-2-2），一旦被偏离航道的球、球杆或者肘部击打到眼睛，防护眼镜就会起到保护作用。在大多数情况下，防护眼镜被击打的瞬间，眼睛会下意识的及时紧闭以保护眼珠受到冲撞，因此，防护眼镜的安全防护作用还是很明显的。当然，这种保护不是绝对的，如果冲击力过强，也有可能对眼睛产生严重伤害，引起失明，防护眼镜的作用就是预防此类事情的发生。

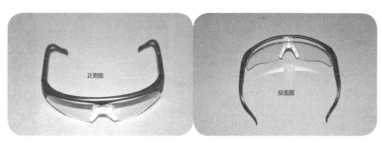

图 2-2-2　旱地冰球的保护眼镜

　　长头发球员喜欢用发带来约束头发，以免头发遮住视线，影响打球。旱地冰球厂商也会生产专业的发带，使用具有厂家认证和标注的发带很重要。出于安全考虑，比赛中绝不允许佩戴任何含有坚硬部分的饰品，例如帽子，或者有搭扣的发带等。

　　许多球员也使用护腕。护腕可以在一定程度上对手腕进行保护，但是更重要的一个作用是吸汗。是否佩戴护腕纯粹是个人选择，在护腕上进行标识也是允许的。

　　手表、珠宝、耳环等配饰在比赛前必须取下。如果项链足够紧密，紧紧贴在脖子上可被视为安全而被允许在比赛中佩戴。过松的项链、手镯、耳环等可能对自身或他人造成伤害，因此在赛前必须取下。除了安全因素，比赛中可能损坏珍贵的饰品也是一个重要的原因。有些耳环取下来很麻烦，但是佩戴着又不安全，此时，可以将耳环与耳垂用胶布贴住固定，贴的时候确保正反两面都固定好。这些要求看似繁琐，但是如果不采取相应措施，任何形状的耳环都可能被其他球员的衣服钩住，很有可能就撕烂了你的耳朵。虽然这不是非常严重的身体伤害，但至少会让你血流满面。因此很有必要通过耳环的固定来减少伤害事故的发生。有些球员喜欢佩戴鼻钉，比赛前，也必须加以覆盖，以免造成伤害。再次重申，在耳环上添加覆盖物可以很大程度上减少伤害事故的发生，有些球员甚至认为这样会使他们看上去更加专业化。

　　球包也是很多球员乐于投资购买的配件。它们通常都较为便宜，而且能装不少球杆。如果你只有一根球杆，那么球包的优势就不那么明显。对于那些拥有多根球杆的球员来说，球包的使用就相当便捷，而且有利于携带。球包的选择多种多样，最重要的参考因素就是球包的容量，如果球杆多，很明显球包容量要大。但是如果球杆特别长，球包可选择的余地就小。不同的球包针对不同的需求，也有特别设计的球包，例如可以挂在自行车上的球包。

三、守门员装备

守门员装备很丰富，但是永远记住要把安全放在第一位，其次是舒适性和便捷性，穿上装备要能保证移动依然敏捷。一般而言，价格高的装备，安全性、舒适性、便捷性都能得到保证。

1. 上衣和裤子（图2-2-3）

旱地冰球守门员的装备不同于场上其他球员。他们需要长裤子和长袖，对于上衣的长度和颜色，并没有特别的规定。正式比赛中，守门员上衣应该印上号码。只要守门员的防守区域没有增加，也可以在衣服上加装衬垫。在日常训练中，守门员往往需要加装更多的衬垫以保护自己。尽管球是塑料制品，但是强有力的射门仍然可能对守门员产生伤害，因此合适的守门员装备显得尤为重要。

图2-2-3　守门员上衣和裤子

守门员裤子正前方一般都加装了衬垫（图2-2-4）。初学者使用的裤子都简单地加装了衬垫，给守门员提供足够的保护，更高级别守门员装备在材料运用及造型上都有所改进。质量上乘材料的使用，使得这种裤子更加耐用，通常也更易于在地板上滑动。而特殊的形状也使得守门员移动更加方便。除了依靠衣服和裤子的保护，守门员也必须掌握快速自如的移动方法以获得更大程度上的保护。

图 2-2-4　守门员裤子衬垫　　图 2-2-5　守门员上衣衬垫

衬垫不仅应该加装在胸部位置，也应该在手臂肘关节位置上加装（图 2-2-5）。有一种特殊的保护罩来保护守门员的胸部，穿上这种装备可以给胸部特殊的保护，有时也可以穿上套衫或者体恤来对身体进行进一步的保护。选择守门员装备时不仅要考虑对身体的保护程度，也要考虑穿着的舒适性以及便捷性，不能影响守门员的移动。

有些守门员将硅喷洒在裤子上以便在地板上更好的移动。旱地冰球竞赛规程规定严禁使用硅喷雾或者其他类似的东西，因为硅喷雾等物质虽然有利于守门员的滑动，但也会润滑守门员裤子所碰触过的地板，从而使得其他球员跑动时打滑，造成运动伤害。因此这种行为是非常危险的，会造成严重的伤害事故，任何情况下，都不得使用硅喷雾或其他一些类似的手段来帮助提高守门员的滑动。

守门员装备相对而言价格较贵，特别是那些技术含量很高的装备。现代守门员装备是专为守门员而特制，集舒适性、保护性于一体。

2. 护膝

由于守门员大部分时间双膝着地，比赛时绝大多数守门员佩戴护膝。市面上专门为旱地冰球设计的护膝并不多见，即使有价格也不便宜。选用排球运动员专用的护膝不失为一个两全其美的选择。合适的护膝在中间一般都加装厚厚的衬垫，由于膝关节的特殊性，在运动时，护膝经常会滑脱，因此选择一个正确尺寸的护膝也是相当重要的。太紧，影响跑动，太松，则容易滑脱。正确的方法就是多试用几次，多咨询有经验的球员，从而找出最适合自己的护膝。

3. 护挡

守门员装备通常不会对腹股沟位置（裆部）提供特殊的保护。其中一个原因是如果在裆部加装衬垫的，会影响守门员的移动，另外一个原因则是厂商假设守门员事先已经穿上护挡，因此没有必要对守门员的裆部进行任何特殊的保护。由于这种类似的护挡在其他运动项目都有提供，比如拳击和冰球，可以拿来使用，因此，没有必要制造旱地冰球守门员专用护挡。

4. 头盔（图 2-2-6）

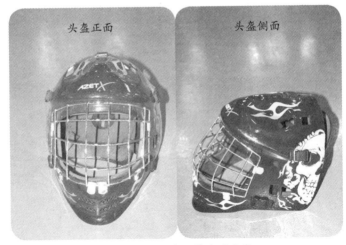

头盔正面　　　　头盔侧面

图 2-2-6　守门员专用头盔

守门员必须佩戴头盔，而且头盔必须通过国际旱地冰球联合会的认证。守门员必须佩戴专用头盔的一个重要原因在于它可以在守门员遭受拍头、球杆甚至球的击打时，给守门员的面部提供安全的保护。专用头盔比其他的头盔更轻，佩戴更方便，视野更开阔，使得守门员可以更从容地参与防守，做出各种防守动作。

5. 鞋

守门员用鞋和场上其他球员基本一致，要求牢固，鞋底与地板应保持合理的摩擦系数。显然，室内场地用鞋比较合适。但是，有一点比较特别的是，当守门员双膝跪地时，需要鞋尖和鞋面相对较滑，以利于守门员快速移动。因此，有些守门员会在自己的鞋尖和鞋面贴上具有润滑作用的胶带。对守门员来说，双膝跪地防守时扭伤脚趾头司空见惯，因此坚固的鞋子有助于保护守门员的脚趾头，使之免受伤害。

6. 手套

比赛中，守门员可以选择佩戴手套（图2-2-7）或者保持双手裸露。佩戴手套的好处是可以缓冲球速，不利之处在于增加了实际抓住球的难度。不论佩戴手套与否，不允许在手上或者手套上添加黏性物质。守门员徒手意味着手指可以更加运用自如，因此更加容易抓住球，但是不足之处也很明显，即双手可能受到强有力的来球袭击而受伤，皮肤和指头都可能因此而受到严重损伤。这种被球击打时产生的刺痛，有些守门员习以为常，可以承受，通常他们只在五个手指头缠上胶布来防滑。手指上的胶带还可以起到预防皮肤开裂的作用，特别是在气温较低的季节，因为气温下降，球的力量更重，击打在手上更疼，所以，在冬季特别推荐使用胶带来保护守门员的手指。

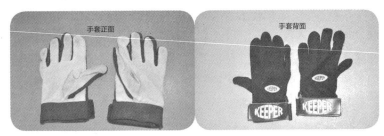

图 2-2-7　手套

四、球门

在正式比赛中使用的球门，必须通过国际旱地冰球联合会的认证，这种认证不仅能确保球门尺寸标准，也能保证使用的安全性。国际比赛使用的球门标准是高115cm，宽160cm，深度65cm（图2-2-8）。通常是用圆形钢管做支架，钢管上涂上红漆，出于安全考虑，球门支架必须用圆形钢管制作。一个完整的球门不仅要悬挂球网，还需要在开口后面一点距离悬挂抓网。抓网，顾名思义，主要功能是用来抓住球，以免球打在内侧立柱弹出而无法判断球是否穿越球门线，进入球门。

图2-2-8　球门

正式比赛专用球门价格也比较昂贵，但是这是比赛的必需品，所以必须购买。球门的体积一般都比较庞大。许多俱乐部训练时采用不同规格和标准的球门，甚至是小球门，但是对于真正从事职业化训练的俱乐部，一副标准球门必不可少，守门员也可以尽早熟悉正确的球门尺寸，从而建立正确的位置感。

五、挡板

　　旱地冰球比赛需要一整套完整的挡板。在购买或选择挡板时，也有很多需要考虑的因素。如何存放挡板就是因素之一，购买挡板前必须知晓是否有合适的地方来摆放或存放挡板，也应该知道如何拼接和回收挡板。大多数厂商生产的挡板都配有专用小推车，以便于收集和移动大批挡板。

图 2-2-9　挡板

　　标准尺寸的挡板高度为 50 cm，长度为 2 m。国际比赛使用的是周长为 120 m 的挡板。制作的原材料和质量各个厂商都不尽相同。不同挡板之间最大的区别就在于挡板的组装，有的挡板受到冲撞会引起大批挡板坍塌，而有的可能是只有少数几片倾倒。这是在购买或选择时要考虑的问题。

　　质量上乘的挡板可以使用多年，如果有一套完整的符合国际比赛要求的挡板，且有合适的场地，每次训练尽可能地按照这种标准进行，这样可以帮助球员更好地适应标准场地，提高比赛的适应性。如果平时训练时不能使用标准挡板，而是改用墙、凳子等其他设施，则会引起球感差异性，因为墙壁或凳子的弹性和标准挡板是不一致的。

六、场上球员的着装

旱地冰球运动员通常身着体恤、下身短裤、齐膝长袜以及室内场地专用运动鞋。也可以使用护腿板，但是护腿板必须包裹在裤子里面，不能裸露出来。队员球员号码，竞赛规则也有所规定，号码必须同时印在体恤衫的正面和反面，短裤不必印号码，着装上可以加印赞助商的广告。

平时训练，可以采用全棉材质的体恤，因为价格相对较为便宜。但是在正式比赛中，全棉体恤则不太合适，通常使用能快速排汗并风干材质的体恤衫。此外，球员也不应该身着会影响自身快速移动的衣物。

图 2-2-10 给出了旱地冰球运动员着装的范例，在体恤衫的正面和反面都印有球员号码。短裤、齐膝短袜，短裤上不必印号码。在正式比赛中，体恤衫上反面的号码不得小于 20 cm，正面不得小于 7cm。球队也可以自由选择长袖或短袖，但是全队必须统一。通常情况下，球员身穿短袖体恤会感觉更加舒适。

图 2-2-10　正式比赛服装

七、比赛用球

旱地冰球（图2-2-11）发展到今天，唯一变化不大的就是球，因为竞赛规则规定了标准球的尺寸，所以，基本上厂商生产出的球都大同小异，只是在质量上有所差异。今天更加广泛被使用的球是所谓的高精密球。与普通球不同的是，高精密球的表面不是光滑的，而是覆盖着成千上万的小突起，使得旱地冰球看上去更像是高尔夫球，这种球飞行时的稳定性更好。

所有旱地冰球都是由两个半圆形塑料焊接而成，中间有镂空的26个小洞。经过一段时间的使用，球会破裂，更多时候是从焊接处开始破裂的，或者从洞口处开始破裂。破裂的球不能再被使用，否则在击打时会产生不规则运动，从而影响击球效果。

旱地冰球的颜色可以多样，但是常用的旱地冰球都是白色的，如果球场地板的颜色非常明亮则可以选择红色的球。最近，正式比赛都选用香草黄颜色的球，因为这种球在电视转播中可以更容易、更清晰地被捕捉到。

图2-2-11　旱地冰球

八、标志墩或碟及其他训练辅助器材

日常训练中，需要购买大量辅助器材，例如标志墩（图2-2-12）标志碟、训练背心和空间标识器等。这些辅助器材相对价格便宜，而且在实际训练中经常要使用到。而其他一些辅助器材，例如箱子和长凳价格相对较高，而且比较占用空间，除非特别需要，一般无需购买。

图 2-2-12　标志墩（碟）

第三节 旱地冰球器材的保养

所有旱地冰球的器材装备购买齐全之后，接下来就要在日常训练中做好器材的保养维护工作。

一、绷带

更换球杆的绷带是一个简单的过程，当绷带破损、脱胶或使用感觉不舒适时，就可以对绷带进行更换。与拍头的更换不同，使用何种绷带没有严格的限制。

1. 绷带的选择

更换绷带最简单和最好的办法就是选择旱地冰球专用绷带，它们通常长度匹配、设计合理，也非常容易安装。也有球员选用网球或羽毛球拍专用绷带，但是此种绷带长度较短，所以必须同时使用两根，而且分量也较重。

2.更换绷带的步骤

更换绷带的实际步骤较为简单（图2-3-1）。首先，取下球杆上的旧绷带，从旧绷带的底端开始撕开，直至从顶端扯下旧绷带，其次，开始换上新绷带，更换新绷带时注意绷带的正反方向，将有黏性并贴有塑料纸的一段朝下紧贴球杆顶端，逐渐撕去塑料纸，按照同一方向紧绕球杆开始缠绕，缠绕时保证一定的紧密度并始终保持平行。旱地冰球专用绷带的起始端已经做了相应的剪裁，确保黏贴时与手柄顶端保持平行，因此无需担心黏贴时的角度问题。缠绕时褶皱之间的距离可以自行控制，但是相互之间的误差尽量不要超过 2~3 mm，绷带的黏性部位应该尽可能紧贴球杆体，而不是贴在绷带自身。当缠绕到手柄尾部时，利用绷带上另外一根胶带将绷带尾部紧紧黏贴在杆体上，确保不会松开。最后，如果缠绕结束以后，绷带还有结余，则用剪刀剪去多余部分。此时更换绷带的工作就正式完成。

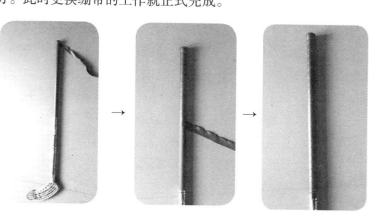

图 2-3-1　绷带更换过程

二、更换球杆拍头

更换拍头实际操作起来也较为简单。当球杆拍头出现破损或者底端磨损很厉害，此时就需要对拍头进行更换。在进行更换以前，必须对所需要的拍头型号和类型有所了解，确保更换的拍头能够和球杆匹配。

1. 选择与球杆匹配的拍头

并非所有拍头都能装在每一根球杆上面，如果有人说拍头和球杆都可以匹配的话，那肯定是在忽悠你。还有人说你可以将同一家厂商生产的任意拍头和球杆进行匹配，这种说法是不负责任的话语。

进行旱地冰球练习，球杆上必须贴有国际旱地冰球联合会的认证标志，这种认证标志不仅表明，该球杆通过了严格的测试和检验，符合竞赛规程的要求，更是一种安全保证。从某种意义上讲，国际旱地冰球联合会认证标志也是一种安全认证。特别要注意的是，这种认证是对一根完整球杆的认证即包括球杆杆体和拍头部分。

如果要进行拍头的更换，最简单的方法就是选择与原型号一致的拍头，如果想要选用不同的拍头，必须首先确定这个拍头是通过认证的。瑞典国家检验和研究机构是唯一的检验机构，他们在网上有大量在线的数据。通过上网搜寻自己球杆的厂商和型号，找出认证号码，就可以选择合适的通过认证的拍头。如果你购买的球杆是最新款，来自同一厂商的拍头通常都是适用且通过认证的。

如果选购的拍头没有通过认证或者是无效的认证，出于安全考虑，最好不要将此种拍头和球杆相匹配使用。一旦确定了具体的拍头，接下来需要特别注意到的就是要选择正确的拍头开口方向，即左手拍或右手拍。

更换拍头时需要准备一把合适的螺丝刀、一些强力胶水、纸巾以及吹风机。

2.更换拍头的步骤

更换拍头是个简单的过程。更换前确保选择正确的拍头。首先，使用螺丝刀拧开旧拍头上的螺丝，卸下旧拍头，由于拍头在安装时除了用螺丝的固定以外，都涂抹有一定的胶水，因此，取下拍头需要不停地旋转、拖拉并用电吹风对球杆进行加热或者将拍头整体泡在热水中以融化胶水。取下旧拍头后，一定要及时清理干净球杆上多余的胶水等其他杂质，以免影响新拍头的安装效果。其次，进行新拍头的安装。安装前在球杆上涂上新的胶水，将拍头套进球杆，确保拍头上的螺丝眼和球杆上的固定点对齐，许多球杆上会有明显的标志线，标注了拍头应该安装的正确位置。拍头安装到正确的位置相当重要，特别对杆体不是圆形的球杆而言。找准正确的位置以后，即可保持现状，把初步装好拍头的球杆放在一边等待一段时间让胶水晾干，如果胶水涂抹过多，用抹布将多余的胶水擦去。最后，等胶水干透以后，拧上螺丝，一个崭新的拍头就安装完毕。

三、拍头分类、整形及其具体步骤

（一）拍头分类

拍头类型的不同主要是通过不同的开口以及不同的凹面来体现。尽管有些拍头预先设计了一定程度的开口，但对于球员来说，也很容易对这种已经具有开口的拍头进行重新的整形。拍头开口通常都是开在拍头前部，使用这种开口的拍头可以轻易击打出飞行角度较大的球，多数球员都喜欢使用一些开口的拍头。当然，使用开口太大的拍头经常会使球高出球门上端，而且在地板上传球的精度也会下降。开口具体的大小很大程度上取决于个人习惯，如果无法确定哪种最适合，可以进行各种尺寸的开口实验，然后选择最合适的一种。现代旱地冰球拍头都有专门设计的凹处，更深的凹处可以改善球员的球感，提升控球技巧。对拍头的凹处进行整形，需要一点技巧。

1. 香蕉形拍头

香蕉形的拍头是拍头整形里面最容易的一种（图 2-3-2）。使用这种形状的拍头在运球跑动过程中更容易做出各种转向动作，缺点是传球和射门的准确度会有所下降。

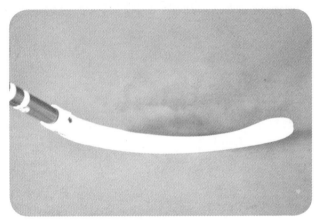

图 2-3-2　香蕉形拍头

2. L 形拍头

L 形拍头是指将拍头最前端弯曲成 L 形状，此种拍头钩状相当突出，只有在拍头完全被软化的情况下才可以将之弯曲成 L 形状。此种形状的拍头优点在于可以用拍头直接将球拉回。图 2-3-3 是 L 形拍头模型，L 形拍头顶端突出位置的长度各不相同，但顶角到两点连线之间的直线距离最大还是不能超过 3 cm。

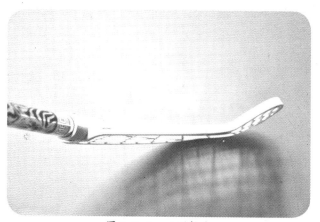

图 2-3-3　　L形拍头

3. 爪形拍头

爪形拍头是指将拍头顶端处稍作弯曲，无需考虑拍头其余部位的形状。对于有些凹处较深的拍头，将顶端再进行弯曲使之成爪状还是比较困难的。特别要注意确保拍头具有一定的柔软度的情况下才能进行此操作，而且要分几个阶段进行，拍头越柔软，越容易成形。此种形状拍头优点在于可以用拍头对球进行来回直线推拉，而这是运球中很重要的技巧之一。如果把不小心拍头弯曲成L形状，则在拍头还没有硬化之前，按压L头的顶端，使之成为爪状。

4. 篮兜形拍头

如果想让击打出去的球形成一道弧线，则需对拍头做出特别的整形。最重要的一点是拍头前段需要形成一个篮子状，包裹住球，以便在做各种技巧时，球能保持在拍头上而不会滚落（图 2-3-4）。在多数情况下，这种形状的拍头类似于爪状拍头，区别在于篮子形拍头的底部也向前弯曲形成包裹状。在进行篮子状拍头整形时，有些球员使用旱地冰球或斯诺克球来做压模，在拍头软化时，用球紧按住拍头前端使之形成篮子状，确保拍头全部包裹住球，最后使用冷水冷却拍头使之硬化成形。注意不要让深度超过3 cm即可。

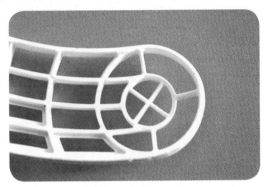

图2-3-4　篮兜形拍头

（二）拍头整形

对旱地冰球拍头进行钩状整形意味着将拍头弯曲成某一特定的形状，弯曲成什么形状则取决于个人喜好。每个运动员对拍头进行钩状整形的目的都不尽相同，好的整形可以改善打球的效果，而不好的整形同样会影响比赛的发挥。在个人无法确定适合何种钩状拍头之前，可以进行多种类型的尝试，使用不同拍头的球杆。本书中对拍头进行各种形式的整形都视作为弯曲成钩状。有些人会对钩状弯曲和整形之间做出区别：钩状弯曲是指按照拍头的长度进行弯曲，而整形是指对高度进行改变，如果同时对长度和高度进行整形则称之为杯状整形。

要熟练掌握拍头的钩状整形需要花几堂训练课的时间，但也会很快地掌握其中的技巧。大多数球员对拍头进行钩状整形的目的是为了更好地提高球杆对球的控制力，更方便提拉球，提高击打后球飞行的高度，从而改善个人运球能力。实际训练中，整形得当的拍头能够提高控球能力，球员也可以做出各种花式动作。但是如果拍头过度弯曲会导致传球失误、射门准确率下降。现在厂商生产的旱地冰球拍头都预先进行了一定程度的钩状设计，但是值得注意的是，国际旱地冰球竞赛规则规定拍头弯曲度是有限的，拍头和拍尾的水平线与拍头凹处最深点之间的直线距离不能超过 3 cm。一个简单的方法可以测量这个深度，将钩状拍头凸起面朝上平放在地板上，最高点与地板之间的直线距离即是要测量的深度。现代旱地冰球拍头钩状部位通常位于拍头的前部。

在进行拍头钩状整形时，要考虑到拍头的承受能力，如果拍头破裂或已融化则无法使用。对拍头进行正确的钩状整形不会损害你的器材，大多数情况反而会改善球杆对球的控制力。拍头的材质决定了球员可以按照各自的需求对其进行多次弯曲整形，但是首先必须对拍头进行烘烤软化，然后按需进行修整，在软化状况下，这种整形不会对拍头本身造成损坏。大多数拍头弧度较小的直拍头在出厂的时候已经被明显地区分了正、反面，即正手和反手。

1. 需要的工具

进行拍头钩状整形工作之前，要准备一些必要的工具。热源、冷却水、手套或毛巾。热源通常使用热水或者电热吹风，空气电热枪是快速而实用的热源，精度非常高，可以对特定的部位进行软化，从而达到你想要的效果。不管那种热源，必须注意保护好自己的手指以免被烫伤。应尽量避免使用明火或电炉来进行加热，因为使用这两种热源，拍头在软化的同时也可能会融化从而造成无法挽回的损坏。

2. 具体步骤

拍头整形的程序非常简单：首先对拍头进行加热，然后按需对拍头进行整形，最后再冷却固定。具体操作如下：第一步，加热拍头，按需对整个拍头或者局部拍头进行加热，注意一定要两面都加热，确定所要整形的部位具有足够的软度，千万不要在拍头软度不够时进行弯曲，否则将对拍头造成毁灭性的伤害。一旦拍头软化，使用双手将拍头整出想要的形状，在此过程中，切记务必事先戴上手套，以免烫伤，因为拍头被烤软以后通常温度都会很高。如果拍头冷却太快，整形变得困难时，则需再次进行加热。有些拍头很硬，很难进行整形，这种拍头的加热时间要足够长。有些球员在进行拍头的整形过程中，还会借助其他工具，比如钝刀，来帮助弯曲拍头。拍头的整形是需要经验和技术的，因此，只有当你具备一定的经验才可进行此项工作。当整形完成且对新的拍头形状满意以后，将拍头迅速放入事先准备好的一桶冰水里快速冷却，保持拍头稳定直至拍头完全冷却。

三、球杆的改造

（一）缩短球杆

在缩减球杆的长度之前，先确认你想要的长度是否是正确且符合要求的长度，球杆具体长度的标准可以参照前面的章节。

（二）需要的工具

准备一把金属锯子、一些胶水、一卷胶带；在操作的某些过程也需要一定的热源，例如电吹风。

（三）具体步骤

对球杆进行缩短的工作并不复杂，也花费不了多长时间。在缩短之前，一定要确定球杆所要缩短的具体长度。切割只能从球杆手柄处开始，不允许从球杆和拍头的连接处着手。这一点不仅从规则上予以禁止，而且更重要的是，如果从拍头连接处开始切割，不仅拍头和新球杆不配套，无法进行正常的安装，也会对球杆的弹性和安全性造成毁灭性的损害。

第一步，撕掉缠在手柄处的绷带。解开缠在手柄底端的胶带，松开绷带的头部，然后将绷带解掉。第二步，移除手柄底端的小盖帽。有时候，这个步骤会比较麻烦，因为小盖帽由于涂了胶水的缘故会黏的非常牢固，但还是可以被移除的。拿电吹风对小盖帽进行加热，软化胶水，再用螺丝刀帮助卸下，注意在此过程中不要损坏小盖帽。第三步，使用锯子从手柄处锯掉多余的部分，此部分工作最好在有操作台面的工坊里进行，因为球杆杆体较滑，最好能固定在某处。第四步，把小盖帽复原盖在原处。如果小盖帽和杆体结合太松，使用胶水，也可以使用强力胶带来固定小盖帽。小盖帽和球杆紧密结合非常重要。第五步，重新更换新的绷带。缠绷带从手柄顶端开始，力度稍大，绷带和手柄必须紧密，必要时可以使用胶水来增加绷带的黏性。最后一步，用一些胶带对手柄底端进行固定，至此更换绷带的工作就结束了。

球杆是绝无可能在原基础上加长的，一旦被缩短就无法再复原，因此，在无法确定具体长度的时候，可以逐渐减少球杆的长度，然后多次重复相应的程序，最后达到个人想要的球杆长度。

第三章

旱地冰球基本技术

第三章
旱地冰球基本技术

第一节
旱地冰球技术的概念及其分类

旱地冰球技术，是运动员在旱地冰球比赛中进攻和防守过程中所运用的专门方法的总称。它是在比赛中不断实践、完善和发展起来的。

旱地冰球发展的短短几十年间，各种基本技术得到不断的完善，在比赛中追求胜负结果的同时，双方球队把激烈的攻防转换、高效的配合、赏心悦目的进球等内容作为重要的组成部分。为了最终达到这样的效果，球员只有熟练掌握旱地冰球的基本技术，才能在比赛中采取有效的行动，正确合理地处理球，才能更好地贯彻教练的战术意图，从而到达战术上的要求。

任何一项体育运动，特别是集体项目运动，技术是完成战术配合的保证，战术的发展又反过来进一步促进技术的不断优化和完善。旱地冰球拼抢激烈、全攻全守的战术打法，对进攻和防守技术都提出了较高的要求。因此，旱地冰球基本技术无论是在具体内容上、难度上，还是在教学与训练的方法要求上，都向着全面、快速、实用的方向发展。

旱地冰球运动是一项技术动作较为复杂的运动项目，根据球员在场上的位置，旱地冰球基本技术主要可以分为锋卫队员技术和守门员技术两大部分。但是，不管是守门员还是场上其他球员，在比赛中既要完成有球技术动作，也要完成许多无球技术动作，因此，旱地冰球技术动作又可以分为有球技术和无球技术两大类（表3-1-1）。

表 3-1-1 旱地冰球技术动作分类

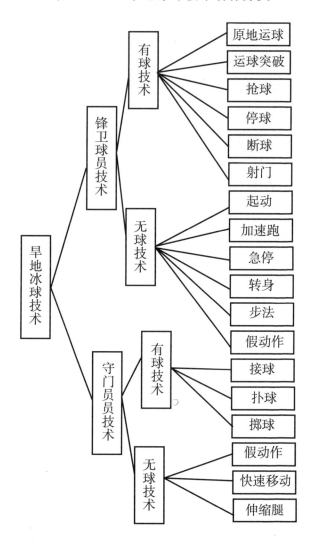

第二节 运球与运球过人

运球与运球过人是球员个人控制球能力和在进攻端所体现能力的综合体现，熟练掌握运球及运球过人的基本技术并能在比赛中加以合理运用，对掌控旱地冰球比赛节奏、丰富战术体系、寻找进攻突破口并最终形成射门都具有极高的实践意义。运球与运球过人是球员通过有目的地控制球将球逐渐推进到对方阵营形成得分之势，它与毫无目的的运球向前推进有着不同的意义。在学习运球与运球过人的过程中需要熟悉每个动作的实际目的，通过不断地刻苦练习，最终掌握相应的技术动作，并在此基础上最终形成自己的风格。

一、运球

运球是球员在原地或跑动中使用球杆有目的地连续推、拉、拨球将球控制在可控范围以内的技术动作。而运球过人则是指球员采用不同的运球方法晃过防守队员并继续控制球的技术动作。运球技术主要包含跑动和球杆对球的控制两个要素。旱地冰球运球的跑动具有重心低、频率快、变向多的特征。这种跑动方式有助于球员及时调整身体与球的位置关系，适应运球急停、变速和变向等需要。球杆对球的控制主要通过双手对球杆的控制来完成，因此正确的握杆显得尤为重要，在进行运球技术动作介绍前，我们先来了解正确的握杆方式。

（一）正确的握杆方式

首先根据拍头开口方向，球杆分为左手杆、右手杆。一般而言，右手握在球杆的顶端，右手在上，左手在下握住拍头凸面朝左方向的球杆，我们称之为左手握杆法；反之，则称之为右手杆握杆法。在日常生活中，右撇子通常习惯使用左手杆，而左撇子习惯使用右手杆，但这并非适用于所有情况。我们以左手握杆法为例详细介绍正确的握杆方法。

右手掌心张开将球杆顶端握住，以球杆顶端不超过掌根或完全被掌心所包裹为最佳（图3-2-1）。右手不可握的过紧，以免影响动作的流畅性。

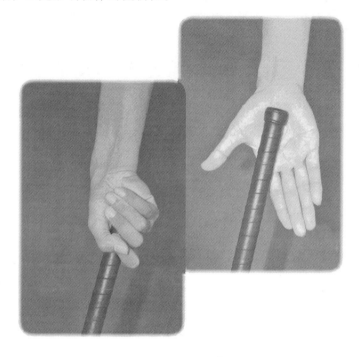

图3-2-1 正确的握杆方法

握杆时，球杆顶端不可超过掌根。左手自然握在离右手20~30 cm左右的距离，两手之间的距离没有固定，一般而言，两手距离越远，越有利于进行大力射门，而两手距离较近则有利于更好地控球及运球。（图3-2-2）右手握杆法则是左手握在球杆顶端，右手在下方，且拍头的凸面超右边方向（图3-2-3）。

图 3-2-2　左手杆握法　　　　　图 3-2-3　右手杆握法

拿起球杆时，时刻注意不要拍头朝上举着球杆。在进行练习和比赛时，拍头的高度不允许超过腰部高度，否则将受到相应的处罚。进行练习时，尽可能保持双手握杆的习惯。

（二）运球基本技术特点及动作要领

运球技术主要分为原地运球和行进间运球两种。

1. 原地运球

原地运球的基本姿势：

双脚自然开立，保持与肩同宽或略超过肩宽的距离，双膝微屈，身体重心落在两腿之间，眼睛看着球（初学者眼睛可以跟随球的运动，逐渐过渡到眼睛余光观察球，主要靠手上感觉来控制球）。上身稍微前倾，拍头放在身体前方侧面并与身体成三角形。

特点：

有利于快速控制球，为下一个技术动作做准备，一般停球后接做原地运球动作。

动作要领：

运球时身体稍前倾，背部呈自然稍弯曲状，膝盖弯曲，重心落在两腿上。双手握杆，眼睛盯住球（初学者），用拍头的中部（正、反面皆可）控制球并拨动球向左（右）两侧移动。迅速提杆换位阻挡球的运行并改变球的运行方向。拍头必须紧贴球并追随球的运行方向，到达左右两侧时，拍面稍倾斜压住球。具体过程如图3-2-4。

易犯错误：

（1）双脚保持直立，膝盖没有弯曲，球离身体位置过远。

（2）提杆过高，运球时拍头没有贴住球，双手握杆过紧，动作生硬。

纠正方法：

（1）开始时，重点强调保持正确的身体姿势，放慢运球的速度，提高运球的稳定性，反复进行练习。

（2）开始运球初期，眼睛紧盯球，运球时强调拍面紧贴球并跟随球的运行方向，提杆改变运动方向时，拍面必须紧贴球，不可提杆过高，左右运行距离不必过大，反复进行练习。

图3-2-4　原地运球

（3）熟练的基础上，逐渐加快运球速度，眼睛逐渐过渡到目视前方，利用余光观察球。

2. 行进间运球

特点：

运球动作的幅度较大，控球难度增加，但易于改变运球方向，是比赛中必须掌握的运球方法，是运球过人技术的基础。

动作要领：

运球时身体重心下压，双脚前后分开，移动时身体自然放松，双手握杆，拍头紧贴并推动球向斜前方移动，移动过程中依然保持左右运球动作。

行进间运球大致可以分为：直线运球、曲线运球、变向运球及运球转身4种。

（1）直线运球时，保持自然跑动，上身稍前倾，步幅可以适当加大。双手握杆，球置于身体侧面靠前的位置，拍头控制好球往前移动。

（2）曲线运球时，上身稍前倾，重心压低，步幅较小，拍头控制好球，进行斜前方向的左右运球推进。

（3）变向运球时，根据变向角度的大小，调整球杆的位置，身体移动过程中，重心突然变向，球保持直线运行，变向时再改变运动轨迹。

（4）运球转身时，身体急停，用正手拍头凹面紧扣住球，绕着身体做弧线运动，同时迅速做 360° 转体并控制好球。反手反拍运球转身动作与正手正拍相反。

易犯错误：

（1）运球时，球离开身体的位置太远从而失去对球的控制。

（2）重心太靠前，主要靠腰部力量来支撑，没有利用腿部力量。

（3）手上动作太慢，再做转向时，球杆没有帖住球，无法控制球的运动方向。

（4）运球时，球杆离地太高，造成丢球，转体速度过慢。

纠正方法：

（1）加强手腕力量练习，提高自身对球杆的控制能力。

（2）练习中强调控制好身体重心，保持与球的正确距离。

（3）练习中强调球杆对球的控制力，始终用球杆感知球的存在。

3.律根据不同的握杆方式，可分为单手运球和双手运球

（1）单手运球

特点：

动作简洁自如，活动范围和空间较大，防守区域增加，易于发挥出奔跑速度。

动作要领：

单手握住球杆手柄顶端（不可握住手柄中间），身体自然放松，以前臂和手腕的力量来控制球杆。

易犯错误：

②运球或击打球时，由于单手力量较差的原因，导致挥杆过高。

②稳定性较差，容易失去对球的控制。

纠正方法：加强力量练习。

（2）双手运球

特点：双手握杆运球稳定性强，控球能力强，运球速度较慢。

动作要领：见原地运球技术动作。

一般而言，日常练习中，主要以双手握杆运球为主，单手运球为辅。单手握杆法主要应用在防守技术当中。在进行

任何形式的运球时，切记眼睛不可长时间盯住球看，主要是靠球拍和球的接触来感知球的位置（初学者可以目视球进行运球），应该时刻注意观察场上的具体情况，做好下个技术动作的准备。

二、运球过人

（一）运球过人动作分析

运球过人是球员在控制好球的基础上，根据战术需要及对手的防守位置和重心变化情况，利用速度、方向或身体变化等因素，获得时间和空间位置上的优势，从而突破防守的一种技术动作。运球过人从动作过程上大致分为三个阶段。

1. 运球接近阶段

当持球队员运球接近防守队员时，身体重心略下降，加快步频，减小步幅，同时牢牢控制好球，利用身体的变向或球的来回移动等假动作迷惑防守球员使对方发生判断失误并做出错误的防守动作。

2. 运球超越阶段

持球队员利用假动作及快速的变向移动等创出足够的空间和时间，成功突破防守队员的防线。

3. 跟进保护阶段

在球穿越防守队员的防线时，运球队员的身体重心要跟上球的移动，保证突破防守后，身体和球一起通过防线并重新控制好球以利于进行下一个动作。

运球过人时应注意掌握良好的突破时机、合适的突破距离以及选择合适的突破速度和突破方向。提高动作的隐蔽性、突然性和敏捷性，准确掌握突破对方防守的时机，高效的完成运球过人的任务。

（二）运球过人的技术方法

运球过人有着形式多样的技术方法，但无论怎么变化，基本都是通过快速改变球的运行方向和运球者的速度来达到突破防守的目的。以下为几种常用的运球过人方法：

1. 强行突破

强行突破是指球员突然运球启动，依靠自身的速度强行超越对手的过人方式。可以双手握杆运球突破也可以使用单手运球突破。通常须具备以下几点才可进行强行突破过人。具体过程如图3-2-5。

（1）队员爆发力强，奔跑速度快，启动速度快。

（2）突破时机恰当，通常在防守队员犹豫不决之时。

（3）防守队员身后有较大的空档，突破后其他队员不能及时补防。

图3-2-5　运球强行突破

（4）拍头推球距离要稍远些，以便加快奔跑速度超过对手。

2. 运球假动作突破

运球队员利用身体、球杆的变化，虚晃、佯装射门或传球等动作迷惑对手，使其产生错误的判断，从而乘机运球突破防守（图3-2-6）。采用假动作运球突破应注意以下几点：

（1）进行突破前，主要观察防守队员的反应和动作。

（2）握杆的手腕要灵活，保证球始终在控制范围内。

（3）假动作要逼真，球杆和身体要配合默契。

（4）做虚晃动作时，不可失去身体重心，球速要快。

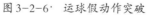

图3-2-6　运球假动作突破

3. 快速推、拉、扣球突破

双手紧握球杆快速推、拉、扣球，不断变换球的运行方向，使防守队员无从判断运球队员的真实意图。通过不断的运球来寻找突破的空间，进行快速的突破。采用此运球方法应注意以下几点：

（1）熟练掌握运球的技巧，推、拉、转、扣等动作必须快速而准确。

（2）注意观察防守队员的反应，找到合适的突破时机。

（3）主要通过手腕的变化来改变球的运行方向。

（4）身体重心起伏不宜过大，球杆和身体要协调配合。

4. 侧身掩护运球突破

双手紧握球杆侧身掩护球，利用运球速度的变化，来摆脱身体侧面的防守队员（图3-2-7）。采用此方法应注意以下几点：

（1）必须借助身体的掩护来保护球。

（2）双手紧握球杆，运球速度变化要突然且隐蔽。

（3）控球能力要强，能随时控制住球的速度。

图3-2-7　侧身掩护运球突破

5.打板反弹运球突破

打板反弹运球突破是指运球者在靠近挡板处运球突破防守队员时，利用挡板的弹性，将球击打至挡板，球反弹越过防守队员，运球者快速超越防守队员并接住反弹球，从而达到突破防守的目的。采用此方法应注意以下几点：

（1）事先计算好球的反弹角度，即保证能穿越防守队员，又要保证自己突破后能控制球。

（2）击打的力量要适中，确保不会被防守队员抢断。

（3）要有足够快的速度以突破防守队员。

（三）运球过人时球杆和拍头的基本动作

1. 推球

推球是用球拍的正面或反面触球，使球向前方或侧前方滚动。用球拍的正面推球叫"正拍推球"，用球拍的反面推球叫"反拍推球"。推球动作主要发生在身体两侧，球拍拍头始终保持着地状态（图3-2-8）。

易犯错误：

（1）推球时拍头离地，失去对球的控制。

（2）推球时拍头没有紧贴球，眼睛紧盯球。

（3）拍头离身体的位置过远，身体重心偏高。

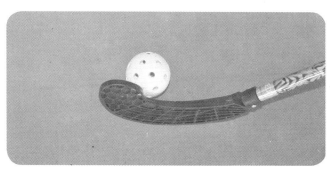

图3-2-8　推球

2. 正、反面拨球

拨球是使用拍头的中部触球，使球向左、右两侧移动的方法。拨球时拍头必须紧跟球的运行方向。

易犯错误：

（1）拨球时拍面没有紧贴球，无法控制球的运行方向。

（2）正、反拍换位时，提杆过高，失去对球的控制。

（3）左、右拨球时速度过慢，无法达到过人的要求。

（4）身体重心过于前倾，膝盖没有弯曲。

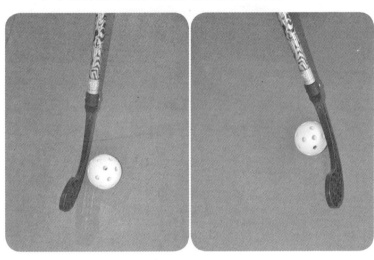

图 3-2-9　　正、反面拨球

3. 扣球

扣球是运球时球员使用球杆拍头的凹面突然扣压滚动中的球，使球突然停止或改变运动方向的技术动作。扣压时，拍头着地，拍面倾斜下压，身体重心稍下降。

易犯错误：

（1）扣压时速度不够快，拍面倾斜度不够。

（2）握杆不紧，失去对球的控制。

（3）身体重心过高。

4.拉球

拉球是运球时球员手腕转动，使用球杆拍头的凹面将球停住并迅速往自己身体内侧拉回，使球更靠近自己身体的技术动作。

易犯错误：

（1）手腕僵硬，不灵活，没有转碗，无法将球拉回自己身体内侧。

（2）拍头离地，球与身体之间的距离过远。

5.挑球

挑球是用拍头正拍的凹面将球挑起，挑起后将球抛向空中或自己重新停球或穿越防守队员或在空中飞行朝向本方队友的技术动作（图3-2-10）。

易犯错误：

（1）挑球的部位掌握不好，无法将球挑起或角度或方向不对。

（2）无法掌握合适的挑球力度，传球精准度不够。

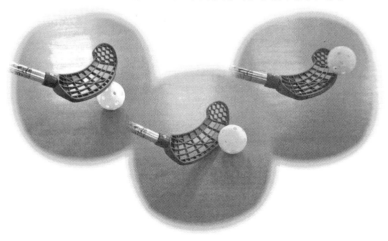

图3-2-10　挑球动作过程

（3）挑球后，拍头的随挥动作过大，高度超过腰部的高度。

（4）挑球后重心跟进迟缓，影响控球及快速衔接下一个动作。

推、拨、扣、拉、挑等技术动作即是最基本的又是在日常训练中，进行熟悉球性练习行之有效的方法。在实际运用过程当中，这些动作既可以单独使用，也可以有机组合在一起使用，通过不断的练习，最终达到自如使用的程度。

第三节 传球

传球是比赛得以顺利进行的重要环节，是所有技术中最基本，也是重要的技术。它是组织全场进攻、贯彻战术意图、渗透突破、创造射门机会并得分的重要手段。传球的方法主要有正手长传球、正手短传球、反手长传球、反手短传球、空中球以及单手正、反手传球等。

一、传球前的准备姿势（以左手杆为例）

双手紧握球杆，侧身双脚前后站立，比肩稍宽，右脚在前，左脚在后。双膝微屈，重心落在两腿之间，拍头触地置于体侧，目视传球方向。球放置在拍头中间。（图3-3-1）

图3-3-1 传球准备姿势

二、各种传球技术特点和动作要领（以左手杆为例）

（一）正手长传球

特点：正手长传球是常用的传球动作，这种方式控球时间长，可以更容易的掌控传球的方向，传球的准确度高，传球力量大。通常在伴装射门后或用侧身掩护运球后使用，是进行长距离传球的理想方法（图 3-3-2）。

动作要领：

（1）传球时，球处于身体后侧，拍头控制好球从后侧往前移动，速度逐渐加快，目视传球方向。

（2）球在离开拍头前，始终保持与拍头的紧密接触。

（3）球超过前脚时与拍头分离，此时速度达到峰值。

（4）拍头在移动过程中，始终指向传球方向，拍头始终压住球，左手用力压住球杆，使球杆保持一定的弹性。

（5）保证足够的转体幅度和速度，从而保证一定的出球速度，身体后方拖杆的距离越长，传球的准确度越高。

易犯错误：

（1）双脚平行站位，造成转体不畅，无法借助身体的力量进行传球。

（2）没有对球杆施加压力，拍头压住球往前移动时，稳定性不够，出球不顺畅。

（3）传球时，眼睛盯住球而没有目视传球方向。

（4）双手握杆之间距离太近，转体不够，出球力量太小，随挥动作过高。

纠正方法：

（1）分解练习传球的基本姿势，先进行无球练习，再进行有球练习。

（2）在练习中强调拍头对球的控制，将球放在身体后侧开始传球，强调拍头移动的稳定性。

（3）传球后有意识的控制随挥动作，拍头高度尽量控制在腰部以下。

图3-3-2　正手长传球

（二）正手短传球

特点：正手短传球动作隐蔽性强，球与拍头的接触时间短，挥杆动作快速，球杆没有随挥动作。拍头的弧度过大或击球点过于靠近球的下方容易传出腾空球。此种传球方法快速准确，适用于各种情况下的传球，特别是在受到防守干扰、运球空间狭窄时使用。传球力量较小，距离较短（图3-3-3）。

动作要领：

（1）双手握杆方法基本同正手长传球一致，拍头与球的运行距离短。

（2）膝关节微屈，重心稍向前移动，转体幅度小，出球后球杆随挥动作，目视出球方向。

（3）将球控制在两腿之间，出球时，不必超越前脚即可出球。

易犯错误：

（1）出球位置不对，身体重心过于靠后。

（2）击球点过于靠近球的下方，从而传出腾空球。

（3）出球后挥杆过高。

纠正方法：

（1）将球放置在正确的位置，进行原地固定点练习。

（2）传球前，拍头有意识的下压，控制出球方向。

（3）传球时，拍头紧挨地面，进行短促有力的传球练习。

图 3-3-3　正手短传球

（三）反手长传球

特点：反手长传球通常在反手停球后使用，具有挥杆动作小、出球较为平稳但控球难度较大的特点（图 3-3-4）。进攻中，正手位传球遇阻时也可换反手进行传球。

动作要领：

（1）准备姿势基本同正手传球，两脚之间距离更短。当球从正手位拉至反手时，左脚可以上步，形成左脚在前、右脚在后之姿势。

（2）双手握杆方法保持不变，但双手之间距离更近。

（3）身体微右转，用反拍接停球时，进行必要的缓冲将球停下。从后往前移动过程中拍头和球始终保持接触直至将球传出。

（4）传球时，身体重心逐渐前移，出球后没有随挥动作。

（5）左脚在前时，传球动作同正手，保持左手在下将球推送出。

易犯错误：

（1）双手握杆的距离过远，身体拧转不够。

（2）反拍推送球的过程，由于凸面光滑，失去对球的

图 3-3-4　反手长传球

控制。

（3）重心过于靠前，失去对身体的控制。

（4）眼睛盯住球，没有目视传球方向。

纠正方法：

（1）先进行原地反手长传球练习，体会控球的感觉。

（2）在练习中，注意拉球、上步、转体的协调配合。

（3）推送球动作要快，拍头保持稳定。

（四）反手短传球

特点：反手短传球挥杆动作幅度较大，传球力量较大，但传球稳定性不高（图3-3-5）。也可单手进行反拍短传。

动作要领：

（1）身体基本没有转体动作，双手握杆、拍头朝后方做后引动作，传球力度大小由引拍动作幅度大小决定。

（2）传球时拍头不可着地，直接与球进行接触并用拍头反面中部位置击打球。

图 3-3-5　反手短传球

（3）重心基本保持不变，目视传球方向。

易犯错误：

（1）向后引杆动作幅度太大，击球时拍头触地。

（2）传球时上身后仰，传球后随挥动作过大，特别是单手反拍传球时由于手臂力量的缘故，无法控制球杆随挥高度。

纠正方法：

（1）加强手臂力量练习，双手握杆距离稍近。

（2）先进行原地练习，体会挥杆动作，正确掌握击球点。

（五）传空中球

特点：当防守队员阻挡住地面的传球路线时，可利用拍头的凹处进行挑高球传球，空中球不易停住，容易造成对方防线混乱。

动作要领：

（1）重心稍下降，球杆略放平，拍头置于球的中下部位。

（2）击球瞬间，手腕发力，利用拍头的凹处将球挑向高处，以穿越防守队员的防线为最佳。

（3）目视传球方向，控制球杆的随挥动作，避免造成高杆犯规。

易犯错误：

（1）击球点过于靠上，出球高度过低。

（2）击球后，球杆的随挥动作过大，拍头高度超过腰部。

（3）传球时没有目视传球方向，影响球的落点。

纠正方法：

（1）进行原地使用球杆捡球练习，直至能使用球杆熟练将球挑起，并保持球稳定在拍头上为止。

（2）进行双人近距离的相互之间的挑传球，掌握手腕发力的方法，控制球杆的随挥高度。

第四节 停球

一、停球动作技术分析

在旱地冰球比赛中，除守门员在守门员区域内可以用身体的任何部位触球外，其他任何场上球员都不允许用手、头停球。除此之外，身体的其他部位几乎都可以用来作为停球的部位。但必须在身体与地面保持接触的情况下，如双脚离地则只允许用球杆触球。在对方球员使用球杆触碰球之前，可以用脚触球一次，脚部不得进行连续的触球。

停球是利用球杆或身体允许部位将运动状态中的球控制住的过程，从旱地冰球停球的动作结构来分析，一个完整的停球动作主要包括判断、准备、触球和后续动作等四个环节。

（一）判断

球员在停球前，应该迅速对来球的速度、落点、运动的路线等做出正确的判断，同时注意观察场上同伴的位置，做好停球后再传球的准备。在正确判断的基础上，合理的移动选位，占据有利的停球位置。

（二）准备

良好的停球准备姿势和正确合理的选位是接好球的保证，停球效果的好坏主要取决于身体和球杆的准备情况，因此在停球时身体重心稍下降，双膝微曲，拍头置于地上，目视来球方向。

（三）触球

触球是整个停球动作中最重要的环节，通过削落来球的冲击力来降低球速，最终将球停下。而削落来球的冲击力通常可以采用缓冲或改变球的运行路线的方法。

1. 缓冲

缓冲是削落来球冲击力的有效方法之一。通常情况下，球杆停球部位触球时间越长，其对球的缓冲作用越好。为了延长触球时间，球员可以事先通过使用球杆拍头停球部位的前迎来加大触球后引球后撤的距离，从而减缓球的冲击力。迎撤动作的幅度和速度取决于来球的速度，来球速度慢，则拍头迎撤幅度小且速度慢，来球速度快，则拍头迎撤幅度大且速度快。球杆的迎撤动作主要靠手和身体的协调配合来完成，因此，停球时身体也需跟随球杆稍做后撤动作，缓冲动作主要由球杆来完成。

2. 改变球的运行路线

通过改变球的运行路线来减弱球的速度也是停球的有效方式。在身体与地面保持接触的前提下，除头部和手以外，身体其他任何部位和球杆都可以作为停球的部位。当球以一定的角度触及地面、拍面或人体时，会因为能量受到损耗而削落冲击力。因此，球员可以通过推压、收挺、拉引等动作使球改变原来的运行方向，最终达到降低球速并将球控制住的目的。

缓冲和改变球的运行路线都可以削落来球的速度，从而减轻的冲击力。一般而言，迎撤球的准备时间较长，拍面与球的接触时间长，通常在具有相对宽松的时间和空间下使用该动作技术；而迎击球，准备期短，动作幅度小，拍面触球时间短，通常适用于快节奏的拼抢状态下。

比赛中常用的停球方式主要有以下几种：

（1）迎撤：是指以球杆拍面部位迎接球，在触球的刹那向回引撤以缓冲来球冲击力的方法。停球前的迎球动作和触球后的引撤动作要协调连贯，引撤的时机要恰到好处，迎撤的幅度和速度与来球速度相对应，从而达到最佳的缓冲效果。

（2）推压：是指推和压合二为一的连贯动作，多用于停反弹球。在对来球的落点做好判断的前提下，使用拍头呈一定角度对准球的反弹点，在球落地的刹那，迎着球的反弹方向下压，随即与推合成一个动作，其作用力与球的反弹力形成的反作用力，使球改变运行方向、减弱速度并最终被球杆所控制。此停球方法须准确判断好来球的落点、反弹时间和反弹路线，掌握好推压的角度和时机。

（3）按压：是利用拍头与地面所形成的角度来夹紧球，迫使球停止滚动的方法，多用于停地滚球。按压时，拍头必须与地面成一定程度的夹角，迎球的瞬间，稍后撤同时用力下压，增大球与地面、拍头之间的摩擦阻力，使来球力量得到削落，从而达到控制球的目的。

（4）收挺：收挺动作多用于停空中球，主要由身体某一部位完成。收是指停球部位的后缩动作，具有引撤缓冲动作的效果；挺是指停球部位呈一定角度主动迎接球并推送的动作，其作用是通过向上改变来球方向，达到停球的目的，通常用胸部停球较常使用该动作。

（四）后续动作

停球的后续动作影响着停球的最终效果。不管是球杆还是身体部位停球，停球后都须迅速调整身位，利用球杆将球控制在自己可控范围之内，并迅速决定下一个技术动作、运球过人或传球。后续动作为贯彻球队战术意图打下坚实的基础。

二、停球的技术特点和动作要领

从旱地冰球停球的部位来看，主要分为拍面、胸部、大腿三大类。脚部也可以作为停球的部位，但是在对方球员触球前，只能用脚部触球一次。

（一）拍面停球

拍面停球是旱地冰球竞赛中最为常用，也最为重要的停球方法。它可分为正手正拍和反手反拍两种停球方式。

1. 正手正拍迎撤式停球（图3-4-1）

特点：动作幅度较大、用途广泛、接球平稳、可靠性强。

动作要领：

（1）停地滚球：首先准确判断来球的速度和方向，及时调整身体姿势，做好停球前的准备。拍头置于地面，拍面与地面成一定角度摆放。在球即将达到身体附近时，拍面上前迎接球，在即将触球的刹那，拍头随即引撤缓冲球速，将球控制在前、后脚之间。身体微侧转并与双手协调配合，双膝微屈。

图3-4-1　正手正拍迎撤式停球

（2）停空中球：双手紧握球杆，目视来球方向，拍头的凹面朝向来球。拍面触球瞬间，拍头快速下引缓冲将球接下并控制好。拍头迎接球的高度须在膝盖以下。

（3）停反弹球：双手握杆，目视来球，判断球的落点，在球落地弹起的瞬间，用拍面往下压停住球并迅速控制球。

易犯错误：

（1无法准确判断来球的位置或落点，不能选择最佳的迎球位置，没有做好停球准备。

（2）迎接球时机掌握不好，无法准确掌握来球的速度，缓冲效果差。

（3）做引撤动作时，双手和身体过于僵硬，不柔和，导致控球不稳。

（4）停球后没有进一步的保护动作，造成停、控动作脱节。

纠正方法：

（1）先进行分解动作和无球模仿练习，提高动作的协调性。

（2）提前做好停球前的准备，保持正确的停球姿势。

（3）对墙传球，待球落地弹起时，进行停球练习，提高手、眼的协调配合能力。

（4）在停空中球时，握杆双手放松，可先进行借助屈膝下蹲的缓冲来降低球速，而后再练习拍头下撤后引动作。

2. 正手正拍压迫式停球（图 3-4-2）

特点：动作简捷、幅度小，但失误率较高，变化较少，主要以停地滚球且来球速度较快时为主。

动作要领：

（1）拍面置于地面与地面成一定夹角，双膝弯曲，身体重心稍往下。

（2）停球前稍作迎球动作，触球瞬间，拍面用力下压，将球夹在地面与拍面之间。

（3）停球结束时，球位于身体后侧方。

易犯错误：

（1）拍头离开地面，造成漏球。

（2）引撤时机和速度掌握不好。

（3）没有用力压球杆，球与拍面和地面之间的摩擦力不够。

纠正方法：

（1）练习时拍头始终保持与地面的接触。

（2）加快来球速度，练习时保持拍面与地面合适的夹角。

图3-4-2　正手正拍压迫式停球

3.反手反拍迎撤式停球（图3-4-3）

特点：动作幅度稍大、技术难度较高、停球范围较大（单手停球）。

动作要领：

（1）目视来球方向，判断来球速度和路线。

（2）身体重心稍前移，拍头置于地面，凸面朝向来球方向。

（3）触球瞬间，拍面迅速后撤缓冲来球冲击力，随后将球控制。

（4）其他动作要领同正手正拍迎撤式停球技术动作。

易犯错误：

（1）对来球路线和速度判断能力差，站位不当，影响整个动作的完成。

（2）控制不好拍面触球点，造成球从拍面两侧滑出。

（3）单手停球时，无法掌握快速引撤的速度。

纠正方法：

（1）原地练习球杆后撤动作，熟悉凸面触球的特点。

（2）加强手臂力量练习，提高握杆的稳定性。

图 3-4-3　反手反拍迎撤式停球

（二）胸部停球

旱地冰球比赛中，主要的停球方式都是通过球杆来完成的，身体部位停球只是对停球方式的补充且主要用来停空中球。

特点：触球点较高、停球面积大，适用于停胸部以上高度的来球。

动作要领：

（1）挺胸式停球：准确判断来球落点，单手握杆，拍头朝下。身体正对来球，两脚自然开立，双膝微屈，上体稍后仰与来球形成一定角度。触球瞬间，胸部主动挺送，使球触胸后弹起落于身前，随即快速双手握杆将球控制。

（2）缩胸式停球：准确判断来球落点，单手握杆，拍头朝下。当球触胸瞬间，迅速收腹、缩胸，缓冲来球的力量，使球落于身前，随即快速双手握杆将球控制。

胸部停球时，双脚不可离地，球杆高度不可超过腰部，且不能使用胸部连续触球。由于旱地冰球重量轻、速度快，因此，将球停下之后，必须快速控球并进行下一个技术动作（图3-4-4）。

易犯错误：

（1）对来球落点的判断有误，站位不当。

（2）触球时，身体协调性不够，收挺时机掌握得不好，缓冲效果差。

（3）挺胸接球时，上体仰角不合理，球的反弹角度和落点不理想。

（4）胸部接下球后，球杆没有及时跟进，失去对球的控制。

纠正方法：

（1）原地进行分解动作练习，提高身体协调性。

（2）先进行近距离一对一的手抛球练习。

（3）球员可以进行自抛自停，体会上身的仰角、收挺动作，角度控制。

（4）先原地练习停反弹球，再过度到胸部接球后停反弹球。

图 3-4-4　胸部停球

（三）大腿停球

特点：大腿的停球部位面积较大，肌肉丰富而又有弹性，动作较简单，适用于接有一定弧度的高球。

动作要领：

（1）接高空下落球：双手或单手握杆，拍头置于地面，身体正对来球，停球腿屈膝上抬，以大腿中部位置对准来球。触球瞬间，接球腿积极下撤后引，同时肌肉放松，加强缓冲的效果，将球停于身前，并迅速用球杆控制球（图3-4-5）。

（2）接快速平直运行的空中球（高度在腰部以下）：身体正对来球，支撑脚先前跨出屈膝。停球腿膝关节朝下，大腿与地面垂直或小于90°。停球瞬间，停球腿快速后引下撤，同时肌肉放松，加强缓冲，将球停于身前并迅速用球杆控制球（图3-4-6）。

易犯错误：

（1）停球时，大腿引撤的时机和速度掌握不好，缓冲效果差。

（2）停球时，球杆上举，手腕不协调。

（3）大腿停球的部位不正确，停球效果不理想。

纠正方法：

（1）先原地不持球杆进行抛球、停球练习，掌握腿部合适的引撤时机。

（2）用球杆挑球，将球传向对方球员进行一对一腿部停球练习。

图 3-4-5 大腿停高空球　　　　　图 3-4-6 大腿停低平球

第五节 抢球与断球

　　旱地冰球比赛中抢球是指球员使用球杆将对手控制的球直接抢夺过来或破坏其下一步控球动作，使其失去控球权的动作方法。断球则是在规则允许的前提下，球员使用球杆或身体部位将对方球员之间所进行的传球截获的动作方法。这两种动作方法是主要的防守手段，旱地冰球比赛对抗激烈，攻防转换瞬息万变，合理有效的抢、断球对提高球队的防守水平非常重要。本节主要介绍抢球和断球的基本动作方法、常见错误及纠正方法。

一、抢球和断球的技术动作分析

抢球和断球是两种不同的技术动作，但是从具体动作环节上来分析，主要都是由判断选位、原地或上步出杆抢断、抢断球后的衔接动作三个部分组成。

1. 判断选位

预判是任何防守技术动作的前提，因此，准确的判断是进行有效抢、断球的前提条件，是进行移动选位的依据。防守球员在防守并准备进行抢球时，首先要对进攻方的动作意图、动作动机、动作变化、控球距离等情况进行分析判断，并据此选择和调整自己的防守站位，调整自己的球杆位置。通常情况下，防守队员应该站在对手与本方球门中点连线上，阻止对手往中路传球或进行射门。当对手背对球门时，可采用贴身逼抢防止其转身，并伺机进行抢球。

断球时，防守球员应准确判断进攻方的的传球意图、传球时间、传球方向以及传、接球员的位置关系等，选择或调整自己的防守位置及球杆的摆放位置。通常情况下，防守队员应该站在对手与本方球门中点连线上，并偏向有球一侧，与对手的距离应该是向前有利于断截，向后有利于封堵，在封堵好对手传球路线的基础上，争取断球机会。

2. 原地或上步出杆抢断

球员原地或上步伸出球杆进行抢、断球，要掌握合适的抢断时机，使用正确的抢断动作。抢球时，要时刻观察进攻队员的运球动向，在封堵过程中寻找机会进行抢断，只要有机会就要积极的抢先断截对方的球，但是切记不要不顾后果盲目抢断。

当球在空中运行距离较长，接球队员把注意力放在球上并消极等球时，此时是断球的良好时机。此时，利用有利的身体位置，原地快速抢先一步伸出球杆触到球，将球断下。

而抢球的时机多是在对手触球瞬间，球暂时失控或远离控制时，抢先伸出球杆将球抢下。

抢、断球时即可以使用双手握杆法也可使用单手握杆法，抢、断球的动作方法也较为多样。但是无论采用哪种动作，都应具备突然、迅猛、准确的技术特征，出其不意使对方反应不及。抢、断球时，重心前移，双手紧握球杆，加大力量积极前伸，动作硬朗，保证抢断时的动作力度。

3. 抢、断后的衔接动作

抢、断球的主要目的是为了获得球或球的控制权，但是在危机情势下也具有破坏的性质。因此，在进行抢球和断球时应该考虑后续的动作，一旦抢、断成功，球杆应该迅速回收或向球的方向快速移动，保证抢、断球和控球的连贯性。

二、抢、断球的技术特点和动作要领

（一）抢球

1. 正面抢球

进攻球员运球准备正面突破防守球员，防守球员使用球杆将对手所控制的球抢过来或者破坏掉的技术动作，称为正面防守。包括原地出杆抢球和上步出杆抢球。

动作要领：

（1）原地出杆抢球：双脚左右开立，双膝微屈，身体重心下降并落在两腿之间，正面迎向对手。在对手运球试图突破时，判断好球的运行方向，双手紧握球杆并迅速伸出，用拍头将球抢下（图3-5-1）。

图 3-5-1　原地出杆抢球

（2）上步出杆抢球：出杆抢球前，双脚左右开立，双膝微屈，重心落在两腿之间，正面迎向对手。出杆的同时，迈步向前，重心前移落在前脚，形成弓箭步。双手紧握球杆，拍头下压前伸，动作简捷有力（图 3-5-2）。

图 3-5-2　上步出杆抢球

易犯错误：

（1）抢球前的站位不正确，身体重心不稳，上步抢球时，重心没有前移，不能及时控球。

（2）抢球的时间掌握不好，无法抢先触球。

（3）出杆动作慢，双手没有握紧球杆，抢球动作力量小。

（4）出杆抢球时动作不合理导致违例。

纠正方法：

（1）首先进行原地无球动作练习，体会身体重心位置。

（2）从弱到强进行对抗练习，提高爆发力。

2.侧面抢球

侧面抢球时，当防守队员与运球队员平行跑动或从后方向前追成平行位时使用球杆实施抢球的动作。主要包括合理冲撞抢球和卡位抢球两种。

动作要领：

（1）合理冲撞抢球：当防守队员与运球队员并肩跑动时，身体重心稍下降，同对手接触一侧的手臂紧贴自己的身体，肌肉紧张，全身用力，用肘关节以上部位冲撞对手相应部位，使其失去平衡而乘机用球杆将球抢夺过来（图3-5-3）。

图 3-5-3　合理冲撞抢球

（2）卡位抢球：当防守队员与运球队员并肩跑动时，在身体靠近对手的瞬间，突然加速，迈步上前，使用髋关节将对手位置卡住并乘机用球杆将球抢夺过来（图3-5-4）。

图 3-5-4　卡位抢球

易犯错误：

（1）跟不上运球队员的速度，无法进行冲撞或卡位。

（2）冲撞部位错误，造成犯规。

（3）冲撞时，肘关节展开，以肘部推人，造成犯规。

3. 侧后方抢球

侧后方抢球通常发生在进攻队员以突破防守或背对防守队员之时。由于位置上的劣势，多数情况下，都使用单手持杆法，以增加防守距离和面积，从而达到抢断的目的（图3-5-5）。

动作要领：重心稍前倾，单手持杆，从身体两侧将球杆伸出。另一只手放置在胸前倚靠住对手背部进行保护，干扰对手的运球。

图 3-5-5　侧后方抢球

易犯错误：

（1）动作不连贯，单手力量不足，球杆移动位置过高。

（2）身体重心过于靠前，手部有推搡动作，造成犯规。

（3）抢断时，球杆从对方双脚之间穿过，造成犯规。

第六节 射门

旱地冰球是以双方进球数来决定胜负的对抗性体育项目，而射门直接决定着进球数的多少。比赛中所有的进攻与防守的变化最终目的都是为了形成射门并取得进球。旱地冰球的射门是指球员运用球杆将球击打进对方球门的技术动作。比赛中射门的技术动作多种多样，要想在对方严密的防守和拼抢下，有效地完成射门，必须要有强烈的射门欲望，善于把握射门时机，选择正确的射门方法。

一、射门动作的技术分析

射门是指球员利用球杆拍头的某一部位将球击向预定目标的技术动作。射门的基本技术同传球类似，其完整的动作过程包括引拍、击球及随挥动作几个环节。

1. 引拍

引拍是指球员击球前的向后挥杆动作。其作用是调整球杆与球之间的相对位置，使击球前获得相当的动量，通过动量传递，增加击球的力量和速度。任何方法的射门都离不开引拍动作，一般来言，引拍动作越大，距离越远，击球时的力量和速度越大。但切记在引拍过程中，拍头的高度不可超过腰部，以免造成犯规。

2. 击球

拍头击打球是射门技术的核心，是决定射门质量的关键。它包含击球部位、击球时间和击球动作等。

（1）触球部位：是指击球时拍头与球的接触点，如球的后中部、中下部还是侧面部位等。它决定了球被击打出去后的飞行方向。

（2）触球时间：是指拍头与球的接触时间。在固定条件下，增加触球时间，能加大击球力量，并有助于控制球的飞行方向。而缩短触球时间，则可加快球的飞行速度。

（3）触球动作：是指击球时拍头作用于球面时的形状及发力状况。根据不同的射门方法选择不同的拍头形状，触球的瞬间，双手紧握球杆，确保击球时拍头的稳定。

3.随挥动作

随挥动作是指球杆击球完毕后的一段随球前摆的过程。这种随挥动作即可以很好的衔接前面的动作，也可以对尚未达到最高速度的球起到进一步加速的作用，同时也有利于身体和球杆的协调配合。需要注意的是随挥动作结束时，拍头的高度不得超过腰部。

二、各种射门技术特点与动作要领

射门的目的是为了取得进球，因此在出球时尽可能的让球速更快、更有力。根据不同的情况，射门的方法也有所不同，主要的射门方法有正手长杆手腕发力射门（long wrist shot）、正手短杆手腕发力射门(short wrist shot)、正手抽射（forward drive/hit shot）、正手拖杆射门（dragged shot）、正手拉杆射门（slap shot）、反手射门（backhand shot）、空中球（volleys）、转身射门（spin shot）、背身射门（turn shot）等。

（一）正手长杆手腕发力射门

特点：球位于体侧，挥杆动作幅度较大，出球前的运行轨迹较长，射门精度高，射门力量相对较小。通常在球员具有较多准备时间的情况下使用，由于手腕发力射门时，球在离开拍头前始终保持与拍头的紧密接触，因此，在发任意球时，不可使用手腕发力射门动作（图3-6-1）。

动作要领：

（1）双脚前后分开站立，双膝微屈，重心落在后脚上。

（2）球杆后引，拍头着地，控制好球置于后脚附近。

（3）拍头控制好球，保持与地面的接触，从后往前逐渐加速挥杆，同时双手逐渐加力，球杆下压，充分利用球杆的弹性，增加出球的速度和力量。

（4）转体，重心逐渐前移，出球点在身前或超越前脚的位置，出球瞬间，手腕发力将球射出，并控制好拍头使之指向出球方向。

（5）出球后，重心在前脚，抬头，目视射门方向。

易犯错误：

（1）球离身体过远，不利于控球，运行距离过短。

（2）双手没有下压，重心没有前移，转体不够，影响出球效果。

（3）出球后，随挥动作过大，眼睛盯住球，没有目视射门方向。

纠正方法：

（1）可先进行分解练习或无球模仿练习，也可结合固定球进行练习。

（2）练习中强调球杆下压，重心由后往前移动并转体。

图 3-6-1　正手长杆手腕发力射门

（3）保持正确的握杆姿势。

（二）正手短杆手腕发力射门

特点：速度快，准确度高，反应时短，可以在各种不利条件下使用，通常离球门很近时使用。

动作要领：

（1）双脚前后分开站立，重心落在双脚之间，胸部朝向射门方向。

（2）双手握杆距离稍近，引杆动作小，球置于两腿之间，出球点在身前或超越前脚的位置。

（3）稍转体，手腕发力，控制好拍头将球射出。

易犯错误：

（1）拍头位置控制不稳，造成出球方向远离目标方向。

（2）随挥动作过大，拍头高度超过腰部。

（三）正手抽射

特点：正手抽射是最简单、最原始的射门方法。挥杆动作幅度大，出球力量大、速度快，对球杆要求不高。通常在球员有较长准备时间时使用，后卫在中场位置进行抽射居多，也适合初学者使用（图3-6-2）。

动作要领：

（1）双脚分开，前后站立，充分利用转体的力量。

（2）球稍远离身体置于身前或前脚前方，大幅度后引拍，但高度不可超过腰部。

（3）触球前，拍头不与地面接触，保持拍头运行轨迹平直。

（4）双手握杆距离较近，转体，用拍头的中下部位击球，出球后控制球杆随挥的高度。

易犯错误：

（1）双手握杆距离过远，减少了击球时的力量和速度。

（2）击球时拍头着地，影响击球的效果。

（3）没有充分利用转体的力量。

纠正方法：

（1）练习正确的抽射握杆方法，先进行无球练习，控制向后引拍和出球后随挥动作拍头的高度。

（2）注意力高度集中，确保击打球的正确部位。

图 3-6-2　　正手抽射

（四）正手拖杆射门

特点：出球速度快、力量大，击球稳定性高，是球员较为喜欢使用的射门方法之一（图 3-6-3）。

动作要领：

（1）双脚分开，前后站立，双膝微屈，重心稍靠后。

（2）双手紧握球杆，拍头着地，球杆呈弧线向后引拍，球位于前脚附近。

（3）转体、重心逐渐前移，目视射门方向，拍头着地，快速向前挥杆并逐渐加压，击球瞬间速度和力量达到峰值。

（4）全程始终保持目视射门方向，出球后，拍头指向出球方向，控制球杆随挥高度。

易犯错误：

（1）球杆向前挥动时，拍头离地。

（2）眼睛盯着球，没有目视射门方向。

（3）挥杆速度和力量不够，击球部位不当，影响出球方向。

（4）出球后，球杆随挥高度超过腰部。

纠正方法：

（1）先进行原地分解动作练习，重点体会击球前加压、加速动作。

（2）出球时，有意识着重加强拍头的指向，控制拍头的高度。

图 3-6-3　正手拖杆射门

（五）正手拉杆射门

特点：挥杆幅度大，出球力量大，具有一定的难度和不可预测性，通常在较远距离或具有较多准备时间时使用（图

3-6-4）。

动作要领：

（1）双脚分开，前后站立，双膝微屈，重心落在前脚。

（2）双手分开距离稍大并紧握球杆，向后方做大幅度引拍。

（3）逐渐加快速度，从后往前挥杆，拍头不触地。击球前瞬间，拍头短暂触地，双手下压使球杆弯曲，充分利用球杆的弹力。

（4）击球点及拍头的弧度决定了出球的高度，控制球杆的随挥高度。

（5）全程保持目视射门方向。

易犯错误：

（1）站位过于靠后，重心没有落在前脚。

（2）击球前，拍头触地时间过长，影响出球效果。

（3）眼睛盯着球，击球时机掌握不好，击球点不正确，挥杆过高。

纠正方法：

（1）先原地进行分解动作练习，着重练习击球前拍头下

图 3-6-4　　正手拉杆射门

压并击球动作。

（2）固定点进行多球练习，体会球杆下压弹起击球。

（3）目视射门方向，进行固定点多球练习。

（六）空中球

特点：速度快、力量大、难度大，留给防守队员和守门员的反应时间少。击球点不易掌握，击球点必须位于膝盖下方的空间。通常在接半高球或反弹球时使用空中球射门动作。

动作要领：

（1）保持正确的握杆姿势，拍头朝下，正确判断来球的落点。

（2）球即将落地或落地反弹时，先向后迅速引拍随即向前挥拍迎球击打，目视来球方向。

（3）击球后控制球杆的随挥高度，不得超过腰部。

易犯错误：

（1）无法准确判断球的落点，掌握不好击球时机，经常漏击。

（2）击球后挥杆过高，造成犯规。

纠正方法：多进行颠球练习，提高掌握击球时机的能力。

（七）转身射门

特点：动作隐蔽性强，具有相当的突然性，借助身体旋转产生的动能加大出球的速度和力量（图3-6-5）。

动作要领：

（1）射门动作要领同正手长杆手腕发力射门，只是球的位置还要靠后，球在地面运行轨迹更长。

（2）原地或移动中运球，背对射门方向，球紧贴拍头。

（3）射门时，拍头成弧线运行，前脚后撤步，同时转体，身体重心移到后脚。

（4）球紧贴身体出球，出球后，拍头指向射门方向，继续转体，重心继续移动至两腿中间，目视射门方向。

易犯错误：

（1）转体时重心不稳，失去对球的控制。

（2）转体时无法准确判断射门方向，眼睛盯着球看。

（3）射门时没有充分利用转体产生的力量，随挥动作过大。

纠正方法：多进行原地运球转体练习，提高旋转时控球能力。

图 3-6-5　　转身射门过程演示

（八）背身射门

特点：动作较隐蔽，具有一定的突然性，力量较小，速度较慢且难度较高，适合具有一定训练水平的球员（图 3-6-6、图 3-6-7）。

动作要领：

（1）双脚分开，前后或左右站立，重心落在两腿中间，持球背对射门方向。

（2）球位于两腿中间或靠近正手位置，双脚不动转体，使用手腕发力、拖杆、拉杆或抽击等射门方法将球击出。

（3）出球后，目视射门方向。

易犯错误：

（1）球离身体太远，失去对球的控制。

（2）出球后，失去身体重心，挥杆过高。

图 3-6-6　胯下背身射门

图 3-6-7　体侧背身射门

（九）反手射门

特点：射门动作难度较大，出球力量较小、速度较慢，由于现代旱地冰球比赛中所使用的拍头反面通常都较为光滑，因此，控球难度较大。通常在正手位置被防守队员阻挡或无法进行正手位置射门时使用（图3-6-8）。

动作要领：

（1）双脚前后开立，肩部指向射门位置。

（2）双手靠近握紧球杆（也可使用单手握杆法），球位于反手体侧靠近前脚位置。

（3）身体稍右转，反手位向后引杆，大臂后摆，随即重心前移向前挥杆击球，拍头保持空中运行，不可触地。

（4）击球后，控制球杆随挥高度。

易犯错误：

（1）双手握杆距离太远，造成挥杆困难。

（2）球的位置在身体后侧，造成击球困难。

（3）挥杆过高，特别是单手挥杆时，由于手腕力量不足，造成球杆的随挥高度超过腰部。

图3-6-8　反手射门

第七节 守门员技术

守门员是球场上最重要的球员之一，是防止对方球队射门得分的最后一道屏障。一旦守门员被突破，对手即可得分。守门员在场上的位置决定了他（她）与场上其他队员在技术、战术、活动方式和心理方面都有着极大的区别。守门员的主要职责是控制守门员区域，确保球门安全。守门员在守门员区域内主要用手完成技术动作，实现防守任务。现代旱地比赛不仅要求守门员要守住球门不失球，还需要协助其他队员扩大防守区域，充分利用规则赋予的特权，封锁和控制本方守门员区域的空间。因此，守门员往往即是本队防守的组织者、协调者，又是进攻的始发者，对比赛胜负起着举足轻重的作用。

一、守门员装备

由于旱地冰球比赛的特殊性，当球击打到面部时，没有通过安全认证的头盔也可能无法起到保护作用，从而造成不可挽回的后果。守门员裤子膝部位置如果不加上衬托也将无法对膝盖起到保护，造成膝部严重的运动损伤。因此，在正式比赛中，守门员必须穿戴一整套完整且通过国际旱地冰球联合会认证的专业守门员装备才能上场比赛。

1. 手套

是否戴手套由守门员自己决定，规则并没有规定守门员必须戴手套。为了安全起见，特别建议在开始练习旱地冰球的初始阶段，特别是青少年球员要求佩戴手套。手套应该具有足够的紧度，以便在抛球时不会影响守门员对球的控制。比赛时可以使用旱地冰球专用手套，也可以使用符合比赛要求的其他球类运动守门员手套。

2. 头盔

守门员专用头盔必须适合守门员的脑袋，大小适中。面部防护栏应该具有良好的视野，但是栏杆的洞眼不能太大，以免拍头或球传过栏杆伤及面部。

3. 衬托

衬托通常用在肘关节和膝关节部位，防止关节扭伤，减轻关节部位的受力。衬托应该紧密的贴在衣裤上，以免在练习或比赛时脱落，但是不能太紧影响到守门员的移动。通常在守门员的上衣胸部位置也会缝制衬托以保护胸部。

所有旱地冰球器材装备供应商都生产衬垫。在开始练习的初期，练习者可以穿着较为厚重的裤子代替衬垫，但是从长远的角度来看，专业的衬垫必不可少。

4. 守门员专用裤子

守门员专用裤子在前部都会装有特殊的衬垫，通常是由尼龙和聚酯混合材质制作而成。练习初期，可以使用宽松、长度适中的普通裤子来代替专业的守门员裤子。

5. 守门员专用上衣

守门员专用上衣具有较长的袖子，在肘关节部位缝合有特殊的衬垫以保护肘关节，正面胸部和腹部位置也缝制有特殊的衬垫，通常也缝有衣领以保护咽喉部位。

二、守门员技术分析

守门员技术是指守门员围绕球门所采取的有效防御性动作和组织发动进攻时所采用的动作方法的总称。其主要的表现形式是用手进行接球、挡球、扑救、传球及用身体阻挡球等。

守门员在运用各种技术时大致都经历以下几个阶段。

（一）观察预判阶段

对场上情况进行观察并做出相应的预判是守门员防守的第一步，观察时，视野要开阔，纵览全局，时刻关注攻防队员的位置变化，对于持球队员进行重点观察。在观察的基础上，通过思维分析进行预判，从场上形式的变化和对手的跑位来判断其进攻意图。从球的运行状态，判断其路线、性能、速度和落点，从而为防守做好积极的心理准备和动作准备。

（二）移动选位

在前期观察和预判的基础上，守门员要根据来球的发展变化，进行相应的移动和选位。旱地冰球守门员的防守移动主要有站立滑步、跪立位蹬地滑步等。

守门员的选位是指通过有目的的移动调整自己与球和球门之间的位置关系。从防守角度上应选在球与球门线中点的连线上；从站位距离上，向前应能最大限度地封堵射门的角度，向后则能有效地增大防守面积。

（三）准备姿势

准备姿势是指守门员采取防守行动前的身体姿势。旱地冰球守门员的准备姿势如下：

双膝着地，重心落在膝盖上以便双脚可以自由移动；上身轻微前倾保持平衡以便双脚左右移动；双手张开，掌心正对前方，肘关节弯曲，置于身体两侧略过胸前；双脚位于臀部之后，脚尖着地，防止球从双脚之间穿过（图3-7-1）

一般而言，守门员无法长时间保持基本准备姿势，因此，如果球在对方半场，或者对方球队没有射门的可能时，可以保持站立的姿势。一方面可以有更好的视野，另一方面也可以放松一下踝关节、膝关节。

除了基本的准备姿势以外，还有一些守门员有自己个人

图 3-7-1 守门员基本姿势正面、侧面和脚步动作

独特的准备姿势，根据守门员个人的身体条件而有所差异。不管什么姿势，只要有利于更敏捷的反应、更快速的移动都可以作为基本姿势。

（四）防守应答阶段

防护应答是指守门员对射向球门范围内有威胁的来球做出相应反应的动作行为，包括心理反应和应答动作。其中反应的准确性和敏捷性直接影响应答动作的完成，而应答动作的速度与合理性则直接影响防守动作的效果。

守门员的应答行为基本上可以分为出击防守和门区防守两大类。出击防守时，判断要准确、动作要果断、时机要恰当。出击防守通常是守门员在应对对方球员单刀突破而本方防守队员又无法及时跟进时采用的一种防守动作。门区防守则是指守门员根据各种射门所做出的应答行为。

在进行出击或门区防守中，守门员应根据场上的具体情况选用不同的动作方法，例如挡、扑等。对于球速慢，角度正的射门应尽量采用接球方法；对于球速快、角度刁的射门可采用阻挡、扑救等方法。

（五）接球后的行动

　　守门员在扑救球结束且控制好球后，往往意味着防守行动的结束和本方进攻的开始。因此，高水平守门员不仅要具备极高的防守能力还要具有强烈的快速进攻意识。接到球后的第一反应是能否发动快攻，要迅速观察场上球员的位置及跑动意图，并与之作眼神的交流，只要队友有前插进攻的意图且位置较好时应迅速将球抛出，发动快速进攻。若没有快速进攻的机会则将球抛给处于安全位置的防守队员。旱地冰球竞赛规程规定，守门员持球时间不能超过三秒，因此，守门员必须在很短的时间内迅速做出判断，并采取合理的行动将球掷向本队球员。

第四章

旱地冰球技术教学与训练

第四章
旱地冰球技术教学与训练

第一节 旱地冰球技术教学的基本原则、练习方法、教学步骤及练习方法的要素

一、旱地冰球技术教学的基本原则

（一）循序渐进原则

循序渐进原则是指在教学中由易到难、由简单到复杂、由已知到未知、由具体到抽象逐步深化的过程。

（二）直观性原则

直观性原则是指在教学训练中运用多种直观手段，通过学生的感觉器官，激发活跃的形象思维，建立正确的动作表象，启发学生积极思维与实践，提高学生竞技水平的原则。

（三）巩固提高原则

巩固提高原则是指教学中要使运动员或学生牢固掌握所学的基本技术动作和技能并逐步提高和完善，建立正确的动力定型。

（四）适宜负荷原则

根据运动员承受符合的能力、人体机能的训练适应规律，

以及提高运动员竞技能力的需要，在训练中给予相应量的负荷，并使大、中、小负荷科学结合，以取得理想的训练效果。

（五）自觉积极性原则

充分发挥教师的指导作用，充分调动运动员学习的主动性和创造性，发挥运动员学习的主体作用，使学习和掌握技术动作成为运动员的自觉行为。

二、旱地冰球技术的练习方法

（一）分解练习法

分解练习法是指将完成的动作分成几个部分，逐段进行教学的方法。这种方法的优点是把动作技术的难度相对降低，复杂过程予以分解，便于学生掌握和突出教学重点和难点，同时还有利于提高学生学习的信心。其缺点是不利于学生对完整动作的领会，有可能形成对局部和分解动作的单独掌握，甚至妨碍完整地掌握动作。

（二）完整练习法

完整法是从动作开始到结束，不分部分和段落，完整、连续地进行教学和练习的方法。完整法的优点是教学中能保持动作结构的完整性，易于形成动作技术的整体概念和动作间的联系。其缺点是用于应该分解而不易分解的动作时给教学带来困难。

（三）领会教学法

领会教学法是一种完整教学法的变形和提高形式。是试图通过从技能整体开始学会的新教程，改变以往只追求技能、甚至是次要枝节的技能，而忽视了学生对整个运动项目的认识和对运动特点的把握的缺陷，以提高教学质量的教学方法。

（四）循环练习法

循环练习法根据教学和锻炼的需要，选定若干练习手段，设置若干相应的练习点，学生按规定顺序、路线和练习要求，逐点依次练习并循环的方法。

三、旱地冰球技术练习法的构成要素

（一）活动方式

1. 静态活动

静态活动是指原地完成技术动作的活动。初学者在进行基本技术学习时多采用此种方法。例如，学习运球时，首先进行原地无球模仿练习，体会球杆运行的轨迹、提拉球杆时的力度，建立初步的本体感觉，为下一步动作学习打下基础；而后再进行原地的运球，体会拍头与球紧密接触的感觉及控球方法。

2. 动态活动

动态活动是指运动中完成技术动作的活动，是巩固提高技术动作的阶段。在此种活动中，学生活动的路线可进行变化，如活动路线由直线变成曲线，由不换位到换位等。另外，学生的活动范围可随着学生技术水平的提高逐渐加大，如在学习运球技术时，可先进行直线运球，然后过渡到曲线运球，最后再进行直线和曲线结合的运球。

（二）活动速度

指学生完成练习时的奔跑速度、动作速度及组合技术中单个动作的连接速度。在练习过程中，根据学生掌握技术动作的情况，可逐渐要求由慢到快，即跑动快、完成动作快、动作衔接快等。

（三）动作组合

指学生完成技术动作的组合形式。初学者多以完成单个技术动作为主，随着技术水平的提高，可完成组合技术动作，如停球—运球—传球—接球—突破—射门等。

（四）动作练习次数

在学生初步掌握动作之后，一定要让学生多次重复完成技术动作，以加快运动技能的发展，形成动力定型。发现学生有技术动作的错误时，要及时纠正，以免形成错误的动力定型，待纠正后再进行多次反复的练习。

（五）练习人数

同一个练习，参加的人数越多，练习密度就越小，反之则密度越大。一些跑动中完成的练习，参与的人数越多活动方式可能越复杂，练习难度也就越大。因此，初学者多以人数少的练习为主，便于掌握、巩固和提高技术。在技术水平提高之后，可安排进行一些人数较多、难度较大的练习便于巩固和提高技术。例如在进行传接球练习时，可由单人对挡板传、接球→双人传、接球→三人相互之间传、接球→四人组抢传、接球等。

（六）对抗程度

指练习时对手参与的激烈程度。初学者一般不安排对抗性练习，随着技术水平的提高，双方对抗逐渐由消极到积极，从而逐渐增加练习难度和对抗程度，以适应比赛的需要。

（七）辅助练习器材

练习时要适时利用有利于完成技术动作的器材，如标志墩、标志碟、小球门、单片挡板等，以增加练习的目的性和控制型，帮助学生掌握某一技术动作。

（八）练习信号

在进行旱地冰球教学时可以利用哨音、口令、手势等信号控制学生练习，对初学者应多采用口令、哨音等听觉信号，在巩固、提高技术动作时可采用手势等视觉信号，从而提高难度，并有利于培养学生综合运用各种感官的能力。例如，在进行移动中运球练习时，教练员可以将球杆举至头顶，要求学生目视球杆的指向进行移动中运球。

四、旱地冰球技术教学具体步骤

旱地冰球技术教学在遵循基本的教学原则和教学方法的基础上，通常采用以下教学步骤：

（1）首先进行技术动作的讲解和示范，详细阐述动作要领和明示动作过程，使学生初步建立技术动作的概念。

（2）进行原地模仿练习，先进行无球技术动作练习，再进行有球练习，以进一步明确动作概念。

（3）在简单的条件下进行练习，如在原地、慢速、近距离、定位球等情况下进行练习，多次重复某一动作，以促进技术动作的掌握。

（4）改变练习条件进行练习，如学生在简单条件下已经可以较好的完成相关技术动作，则可以进一步改变练习的条件，提高练习的难度，如将原地练习改为移动中练习；慢速练习变为快速练习；近距离练习变为远距离练习；单个动作变为组合动作等，以此达到巩固、提高的目的。

（5）在对抗条件下进行练习。对抗练习可由消极对抗逐渐过渡到积极对抗，对抗练习既可以提高学生的兴趣，又可以增加比赛中的实践演练效果。

（6）在比赛或竞赛性练习中提高技术动作的运用能力。

第二节

旱地冰球技术教学与训练方法

一、熟悉球性和增强球感练习

（一）熟悉球性的练习

1. 目的

对于初学者来说，熟悉球性和增加球感是必修课，是必须要经历的过程，只有具备良好的球感才有可能进一步掌握各种动作技术技能。

2. 组织

一般以个体为主，多人练习为辅。

3. 方法和形式

熟悉球性通常是指球员使用球杆利用推、拉、挑、颠等技术动作来增加球杆对球感觉及对控制球的把握。练习的方法多种多样，绝大部分动作都由球杆来完成，但也可以辅助以大腿、胸部等竞赛规则允许的身体部位进行练习。通过提高对不同形式来球的感觉和控制能力，尽可能的多接触球，使球杆、身体、球三方达到一定程度的协调统一。初学者从使用球杆捡球开始，用反拍压出球，向后下方下拉，随后迅速将正拍置于球的后下方，待球滚进拍头，迅速拉提拍头并置于水平位置，使球稳稳地停在拍头上，将球捡起并稳稳地控制在拍头或迅速提拉球并向上挑球，将球抛球后进行相应的练习。还有其他一些熟悉球性的练习，如原地正拍左右弧线球练习、转体正拍绕圈练习等。

4.要点

练习时，注意力要高度集中，双手握杆，肌肉放松，保持身体、球杆的协调配合，也不要拘泥于固定的方式，使用自己独特的触球方式进行练习。

（二）颠球练习

1. 目的

增强球感行之有效的练习，它是指球员利用球杆的拍头部位将球挑起并不停的在空中触球，使球保持在空中上、下运行的一种方法，它可以有效的提高球员对球落点的判断力，提高球杆击球时力度的控制能力。

2. 组织

通常以个体练习为主，也可进行双人相互颠球练习。

3. 方法和形式

初学者开始进行颠球练习时，可以使用拍头的正面或反面来练习，降低颠球的难度。通过面积较大的正面或反面击打球的下中部，使球保持向上运行，待球落下时再次进行击球，使球始终保持在空中。当可以熟练进行拍面颠球时，则可以转为使用狭窄但较位平整的拍头立面进行颠球练习，期间也可借助大腿、胸部等身体部位练习颠球，进一步提高控制球的自信心（图4-2-1）。

对初学者来说，颠球游戏是一种很有趣的练习手段，追求的目标就是"使球不落地"，练习目的是加强球杆对球的感觉，掌握触球的方法，要求拍头触球的部位要正，注意力集中于球，身体应随球的方向进行移动和调整。

主要的练习形式有：自捡自颠式、限定时间的颠球比赛、组合部位颠球、行进间点球、双人传、接颠球等。

4.要点

使用拍面颠球时，拍头高度不要超过腰部，使用拍头立面颠球时，高度尽量控制在膝部以下。颠球时，球杆进行上下移动，身体不必跟随球杆进行移动。

图4-2-1　球拍立面颠球

二、原地运球和运球过人技术练习

（一）原地运球

1. 目的

掌握运球的基本方法，体会运球时拍头对球的推、拨、拉、登动作，发展控球能力。

2. 组织

球员分成若干组列队站立，相互之间间隔一定的距离。

3. 方法和形式

（1）原地短距离来回拨球练习。速度由慢到快，初学者目视球的运行方向，待熟练掌握后，则目视前方，靠拍头的感觉来控制球。

（2）原地长距离来回拨球练习。拨球距离至双手握杆伸展最大程度，球运行过程中，拍头始终保持紧密跟随，进行方向转换时，速度要快，紧贴球面进行正、反拍位置的交换。

（3）原地重心左右移动，长距离来回拨球练习。身体重心跟随球运行的轨迹，保持与球杆移动同步。重心交换时，拍头紧贴球面进行快速正、反拍位置交换。

（4）原地体前左右绕8字运球练习。进行绕8字练习时，球变向时，须使用推球、扣球、拉球等技巧，先慢速练习，进一步熟悉球的运行轨迹。

（5）原地绕双脚运球练习。以双脚为标志碟，使用拉、拨、推、挡等技术使球穿越双脚中间形成8字形运动轨迹。

（6）原地转圈运球练习。以扣、压球为技巧，单脚为支点，拍头始终保持与球的紧密接触，进行转圈连线，随时调整拍头的方向，以免惯性使然，导致失去对球的控制。

4.要点

初学者可以全程目视球的运行，在逐渐掌握相关技能后，仅使用余光观察球，主要靠拍头感知球的运行。开始速度稍慢，体会控球的部位和方法，熟练后则逐渐加快速度或快慢结合进行运球。运球时尽量使用双手握杆，必要时可使用单手握杆法。

三、直线运球

1. 目的

掌握运球的基本方法，体会运球时拍头对球的控制，发展控球能力。

2. 组织

球员 5~8 人一排，持球相距一定距离，分成若干组位于中线或球门延长线附近听教练口令直线运球出发。运球结束后原路返回，换组继续进行；两组队员相距 20m 左右持球列队站立。

3. 方法和形式

（1）慢速使用球杆将球控制在体侧或体前拉球或推球前进。

（2）球员分成两组，相距 20 m，面对面。一组球员持球直线运球至对面将球传给对面组的第一人，然后跑到队尾，如此循环反复。

（3）直线变速运球。运球变速的距离可长可短；变速节奏可疾可徐；线路也可进行变化。

4. 要点

初学者可以降低移动的速度，重点体会控制，熟练后再逐渐加快速度；可以调整运球的距离，提高运球控制能力；运球时目视运球方向，不可盯住球；根据学生掌握技术的情况，调整练习的强度。

四、曲线运球

1. 目的

掌握运控球的路线和方法，体会运球部位和角度，以及身体重心的移动、变化和跟进，提高移动控球能力。

2. 组织

球员 5~8 人一组，每组排成一列持球位于出发线前，标志碟若干，间隔 1 m 距离排成两排。

3. 方法和形式

（1）球员排成一路纵队，由排头开始从起点运球绕过标志碟，在直线运球返回到起点，将球传给下一个人，然后跑到队尾循环反复。

（2）球员排成一路纵队，由排头开始从起点运球绕过标志碟，再原路绕杆运球返回到起点，将球传给下一名球员，然后跑到队尾循环反复。

4. 要点

初学者开始运球时速度可以稍慢，重点体会运球时如何变换方向和身体重心的移动变换；目视运球方向，不可紧盯球。

5. 应用

（1）可以调整场地的大小，增加标志碟，调整标志碟的摆放形式，提高曲线运球的变向能力。

（2）运球路线可以是折线，也可以是弧线，变换的角度可大可小，可在运行中变向，也可在急停后变向。

五、综合运球练习

1. 目的

发展运球时对触球部位、运球距离、方向、速度等练习要素的控制和应变能力，培养球员运球时的节奏感、距离感，以及重心的移动和应变的机动性，提高球员控制运球力量、速度和方向的能力。

2. 组织

球员持球分散在固定区域内；球员分成若干人一组成两路纵队站于起点，一组球员持球。

3. 方法和形式

（1）在固定的区域内，每人一球。球员听哨音开始在区域内自由运球。每听到教练员鸣哨，做一个运球变向动作。

（2）两路纵队的第一人听口令相继出发，前面的人在运球中做变向变速，后面的人运球模仿追随。随后的队员听口令连续出发，重复相同动作，待所有人跑至对面后，换位重复相同动作。

（3）两路纵队的第一人听口令同时出发，其中一人运球，一人做消极防守，干扰运球队员的动作，分散其注意力。到随后的队员听口令连续出发，重复相同动作，待所有人跑至对面后，换位重复相同动作。

4. 要点

先直线运行，后曲线运行，然后再直线、曲线结合运球；初始阶段，速度稍慢，重点体会运球时如何变换方向，体会身体重心的移动变换，随后再逐渐加快速度或快慢结合运球。

5. 应用

可以逐渐增加练习的人数，提高抗干扰能力，注重变换球的方向，提高运球准确性；练习的对抗强度可以进行调整，从无对抗到有对抗，从消极对抗到积极对抗；增加标志碟，改变标志碟的摆放位置，提高曲线变向运球能力。

六、运球过人练习

具体范例及图示标识说明（图4-2-2）。

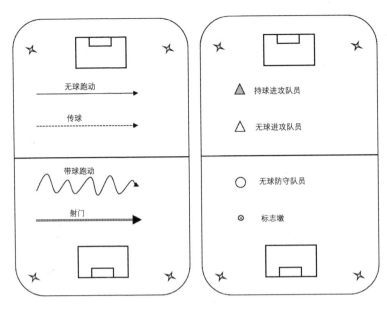

图 4-2-2 技、战术练习标识示意图

练习一

1. 目的

提高球员运球过人的能力，初步掌握利用身体保护球和借助合理假动作进行运球突破。

2. 组织

两人一组在规定场地内进行相互之间的运球突破练习。

3. 方法和形式

（1）一过一练习：两人一球，做一过一练习，运球队员向防守队员做运球过人练习，防守队员消极防守。待熟练掌握后，防守者做积极防守。

（2）一对一运球突破对抗练习：两人相距 5~8 m，B 传球给 A 以后迎上逼抢，A 接球以后运球突破 B，突破以后拉开相应的距离。如此循环反复交替进行练习。

（3）突破传球练习：在限制区域内，进攻和防守队员各一人，其他队员不许进入。供球队员可把球传入限制区任何地点。进攻队员控球后必须先突破对手以后才能传出。在限制区内，防守队员可让进攻队员接球转身后再开始抢球。

4.要点

初始阶段过人的方法要简单易行，实用有效；开始速度稍慢，重点体会身体重心的移动变换，熟练掌握后逐渐加快速度或快慢结合运球；练习的对抗程度要从无对抗到有对抗，从消极对抗到积极对抗，再在比赛中运用；注意变换动作的组合方式，提高学生练习兴趣，及时调整练习强度。

练习二

1.目的

发展球员的控球能力。

2.组织

每名球员持球站在教练面前。

3.方法

球员抬头面向教练进行运球。教练通过不同的手势来指挥球员进行移动运球：手臂上举，球员前移；手臂前指，球员后移；左手上举，球员左移；右手上举，球员右移；鸣哨，球员原地转圈；鸣哨两次，球员运球进行5m左右距离的冲刺，再回到原位。

4.要点

握杆正确，抬头目视教练。

练习三

1.目的

提高球员运球、做假动作和保护球的能力；热身运动。

2. 组织

球员持球分散在球场内，相互之间保持一定的距离。

3. 方法

教练实现安排好口令具体内容，队员按照口令进行练习。口令1：原地逆时针转圈。口令2：改变方向，进行运球冲刺。口令3：原地顺时针转圈。口令4：将球挑起再接住球。

4. 要点

抬头，目视前方；按照比赛中的状态进行练习；运球时，利用身体做各种假动作；快速移动中，保持对球的控制。

练习四

1. 目的

提高球员控球能力、保护球能力；提高身体和球的相互配合能力。

2. 组织

球员做准备活动期间，教练安排各练习路线图；充分利用整个场地设置障碍物（图4-2-3）。

3. 方法

按照1到10的顺序进行练习，1号位：球员首先原地颠球10个；2号位：球员进行直线往返冲刺；3号位：球员侧移步运球；4号位：按图示路线挑球穿越障碍；5号位：带球直线穿越标准碟；6号位：原地持杆进行绕8字练习；7号位：移动对挡板传接球；8号位：利用身体掩护球，运球绕障碍前进；9号位：挑球穿越障碍物；10号位：精准传球；所有练习结束后，重复相同练习。

4.要点

充分利用球场的每个角落；球员不可原地等待进行下个练习，必须保持活跃；可以在每个练习中穿插身体素质练习，例如俯卧撑、蛙跳等；尽可能完成所有位置上的练习，也可由教练安排专注某一特定的练习；初学者可以减少相应练习数量，降低难度。

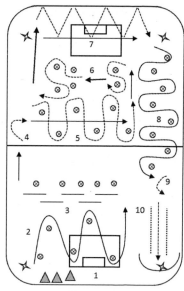

图4-2-3

5.应用

可以增加不同技巧的练习，例如射门和传球；可以先进行无球、无杆练习，再进行身体素质练习，提高协调性，也可使球员充分熟悉线路。

练习五

1.目的

提高球员保护球的能力；提高球员在保护好球的前提下以及受到强烈干扰情况下进行射门的能力；提高防守队员选位和减少对方占据进攻空间的能力。

2.组织

球员持球站在角落里。

3.方法

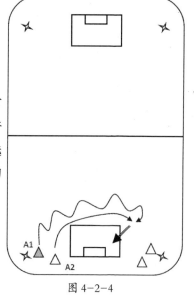

图4-2-4

A1 和 A2 同时离开角落，A1 控球并寻找合适机会进行射门，A2 尽力防守，阻挡 A1 的射门。射门结束或球过中线，则球员互相交换位置（图4-2-4）。

4.要点

强调运动中的一对一对抗，进攻队员尽量用身体和球杆保护好球，而防守队员用身体来进行卡位、合理的阻挡和冲撞，尽量不用球杆抢球。进攻球员尽力创造合适的射门位置和空间，充分利用个人的控球技能，使用合适的射门方法进行射门。

练习六

1.目的

提高球员保护球的能力；提高球员在对方干扰情况下运球能力。

2.组织

球员持球依次站于对角线位置上。

3.方法

两名球员 A1 和 A2 同时从底角出发跑向第一个标志碟，A1 运球，A2 试图阻止 A1 的前行。当他们到达第一个标志碟位置时，A1 传球给 A2，两人进行角色互换。两人按照图示（图4-2-5）继续进行直至射门结束。射门结束后，另一组球员从对角

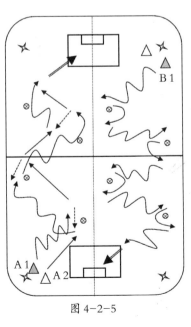

图 4-2-5

出发进行相同练习。

4.要点

球员的移动和变向必须迅速；避免相互之间敲球杆的行为；运球前行时，球员用身体保护好球。

5.应用

球员可以运球出发，直至射门结束，中途不必进行传球。也可不安排防守队员，如球员 B1 运球进行变向、转圈、急停急转等，直至射门结束。

练习七

1.目的

提高球员保护球和控制球的能力；提高球员运用假动作的能力。

2.组织

球员两人一组进行分组；两人一球，两个标志碟分别置于挡板两侧。

3.方法

一名球员运球朝对面标志碟移动，在面对防守队员时，使用假动作晃过防守。如果持

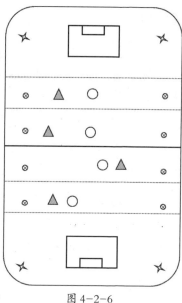

图 4-2-6

球队员成功晃过防守队员到达对面标志碟位置，则转身继续进行。如果防守队员断球成功，则双方转换角色进行练习（图 4-2-6）。

4.要点

重心压在前脚掌，以较低的身姿，保持正确的握杆姿

势，抬头目视移动方向。移动变向要快速，手部动作要迅捷。随时改变移动速度，一次只使用一个假动作。防守队员保持侧身姿势，以便对进攻队员的变向做快速反应。

练习八

1. 目的

提高球员使用假动作运球过人的能力。

2. 组织

球员分别位于球场的四个底角。

3. 方法

球员 A1 开始跑向中间空位接 A2 的传球，同时球员 A2 继续跑向中场附近。与此同时，球员 B1 和球员 B2 重复相同的动作。球员 A1 接球后运球往对方半场前行，与球员 B2 形成一对一的局面。球

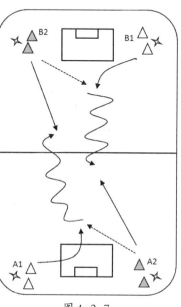

图 4-2-7

员 B1 运球前行与球员 A2 形成一对一的局面。进攻队员尽量运用各种假动作，力争晃过防守队员（图 4-2-7）。

4. 要点

两组队员必须同时出发；队员在练习时尽量保持在自己场地一侧，互相碰撞；进攻队员必须运用各种假动作以突破防线；球员 B1 必须尽快到达中场附近对球员 A1 形成压迫；防守队员尽量避免击打到对手的球杆，并且保持防守姿势，重心前倾下降，以随时启动，双手握杆前移。

练习九

1. 目的

在底角位置创建一对二情形；提高球员控球能力；提高球员运用假动作的能力；提高防守队员在进攻区域或防守区域进行二夹一防守的能力。

2. 组织

球员分成三组，分别位于中线、两边底角，一名进攻队员持球，两名防守队员无球。

3. 方法

球员 B1 传球到底角或传球给守门员，守门员再传球到底角。球员 A1 将球传向底角，接着跑向底角，球员 B1、B2 在球员 A1 跑向底角时对球员 A1 形成二夹一防守。球员 A1 争取带球突破防守，离开底角。如果球员 B1 和 B2 有足够的时间对球员 A1 形成包夹，球员 A1 也可以从双脚间将球传给假想的队友。如

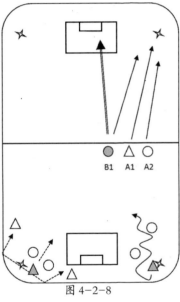

图 4-2-8

果球员 B1 和 B2 没有足够的时间对球员 A1 形成包夹，则球员 A1 可以运球对防守队员进行挑战。当球员 B1 或 B2 获得控球权或球出界或教练鸣哨，练习结束（图 4-2-8）。

4. 要点

如果球员 A1 有足够的空间和时间，应该对防守队员进行挑战；球员 B1 和 B2 应该做好对球员 A1 形成包夹的准备；球员 A1 应该正确合理的运用保护球的技能，而球员 B1 和 B2 则

进行符合规则要求的夹击防守。

5. 应用

教练可以先从中场将球传给守门员，守门员再将球传向角落；可以使用替补球员代替假想队友，直至射门结束为止。

练习十

1. 目的

提高球员保护球和控制球的能力；提高球员运用假动作的能力；提高球员在强力干扰情况下的控球能力。

2. 组织

球员两人一组进行分组，场地一分为四；一块场地分配两组球员。

3. 方法

教练鸣哨时，球员开始在

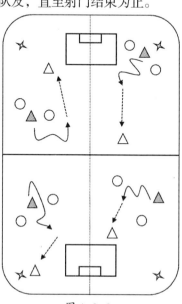

图 4-2-9

各自场地进行二对二练习。在传球给队友前，控球队员先做假动作进行突破。当对手通过抢断球获得控球权时，攻防角色进行互换。教练控制具体练习时间（图4-2-9）。

4. 要点

练习过程中始终抬头观察队友和对手的情况；传球前必须完成一个假动作练习；在运用假动作前，球员必须控制好球并进行运球；防守队员应该对持球队员形成夹击，而另一名进攻队员应该进行跑位，为队友创造传球空间；进攻队员也可以通过干扰防守队员的视线，阻挡他们的跑位来为队员创造进攻的空间。

练习十一

1. 目的

提高球员保护球和控制球的能力；提高球员对是否进行运球突破进行良好判断的能力。

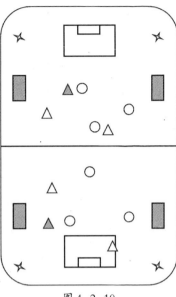

图 4-2-10

2. 组织

球员三人一组进行分组（或四人一组，其中一人为替补）；场地一分为二，每半场安排两个球门。也可以使用标志墩代替球门。

3. 方法

进行半场三对三练习（图 4-2-10）；球员只允许进行回传，所以必须首先运球前移，然后才有回传的空间。进行射门前，球员之间只能进行一次传、接球。当对手得分时，防守方必须接受惩罚，例如进行俯卧撑或仰卧起坐。

4. 要点

队员必须随时观察本方队友或防守队员的位置；因为只能进行回传，无球队员应该为在后方为队友创造传球机会，所有练习者必须严格遵守相关规定。

七、传、接球练习

练习一

1. 目的

提高传、接球技术的熟练性和准确性；提高队员之间相互进行配合的能力。

2.组织

球员两人一组，相互之间距离不限。

3.方法

利用各种传球方法进行传球；接球时只可以用球杆、身体或者球杆和身体。

4.应用

也可以利用挡板进行单人传接球练习；可以利用墙面进行单人空中传接球练习。

5.要点

不可低头，要抬头向传球方向看；保持比赛状态，脚趾和膝盖轻微弯曲；根据不同的传球方法选择相应的握杆方法；接球时，球员需上前迎接球；接空中球时，球杆应位于身体和球之间，万一球杆没有接住，可以利用身体将球停住。

练习二

1.目的

提高传、接高球的能力；锻炼眼和球杆的协调配合能力。

2.组织

球员持球两人一组，保持一定距离。

3.方法

球员之间保持一定的距离互相传高球，接球后迅速将球控制住。

4.应用

传球时，球可以全程在空中飞行直至对方接住球，也可以在地板上反弹一次然后再接住球。

5. 要点

注意保持合适的距离；眼睛要盯住球；双膝和握杆的双手保持放松，控球瞬间进行缓冲并迅速控制球。

练习三

1. 目的

提高移动中传、接球的能力。

2. 组织

球员持球两人一组，保持一定距离。

3. 方法

球员接球后原地正反手运球，而后运球向前几步再将球传向对方球员。

4. 应用

接球后除完成原地运球的动作外，也可原地运球转身，然后再将球回传给对方球员。

练习四

1. 目的

提高移动中传、接球的能力；提高传球前的准备和预判能力；提高对球的控制能力。

2. 组织

球员三人一组，其中两名球员相距 10~15 m，另一名球员持球位于两人中间。

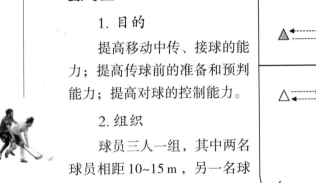

图 4-2-11

3. 方法（图 4-2-11）

中间持球球员面向其中一名队友稍带几步传球，待队友回传，接球后转身反方向运球再传球给另一名队员，如此反复往返，50~60 s 后进行轮换。

4. 应用

由两边的球员各持一球进行传球，中间球员跑动中接球，并回传给传球队员再反向跑动接另一球员传球，如此反复往返。50~60 s 后进行轮换。必须随时做好传、接球的准备并做出相应的预判。

5. 要点

抬头目视传、接球方向；握杆双手放松；保持比赛中状态；控制传、接球的时间，做好传、接球的准备；拍头始终保持在地面上。

练习五

1. 目的

提高移动中传、接球的能力。

2. 组织

球员按 5~7 人一组进行分组；每组球员又分为两队，一半球员一路纵队排好站在标志线前，另一半球员持球一路纵队站在对面，两队之间相距5~8 m；每一组配一个球。

3. 方法（图 4-2-12）

球员 A1 传球给对方球

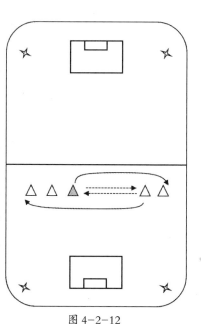

图 4-2-12

员 B1 并追随球的运行方向跑到对方球员队伍尾端入列，球员 B1 接球后将球传给球员 A2 并跑向对方球员队伍尾端入列，球员 A2 接球后再传球给球员 B2 并跑向对方，如此循环反复。

4. 应用

可以在传球时加入不同的传球方法，例如正手传球、反手传球、高空球、反弹球等。

5. 要点

抬头目视传、接球方向；传球后立即跑动；所有球员跑动方向与传球方向一致并且跑向对方队伍尾端入列；做好传、接球的准备；拍头始终保持在地面上；不可追逐打闹，避免伤害事故。

练习六

1. 目的

提高移动中传、接球的能力；提高传球后跑位的能力。

2. 组织

球员六人一组各站立五点形成圆形状（图4-2-13），每组一个球；其中A点站立两名球员，一人持球。

3. 方法

持球球员将球按固定顺序传向一名球员；传球后迅速跑向接球队员并替换该球员的位置；球员必须确保传球时抬头目视传球方向并同时还能很

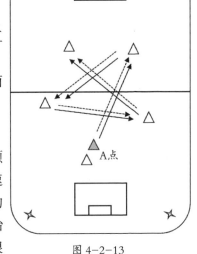

图 4-2-13

好地控制球。

4. 应用

可以按随机顺序进行传球；也可以按照球员号码或姓名传球，传球队员喊球员号码或者姓名即将球传与他；可以增加每组球员的人数。

5. 要点

传球时保持比赛状态并抬头目视传球方向；拍头保持与地面接触；接球队员时刻做好接球准备；不可将球传向与自己相邻的球员；场上时刻注意用言语与队友保持交流。

练习七

1. 目的

提高移动中传、接球能力；提高追随运球队员跑位的能力；提高选择最优传球方位的能力。

2. 组织

球员分成多组，每组4~5人；每组占地面积大约为25~30m^2；用标志碟标识场地面积；每组配一个球。

3. 方法（图4-2-14）

一名球员在场地中央，其余球员围绕场地四周进行传、接球并保持移动状态，中间球员努力通过切断球员的传球路线来进行抢断；如果中间球员成功抢断，则和传球被抢断的球员进行角色互换；其他球员

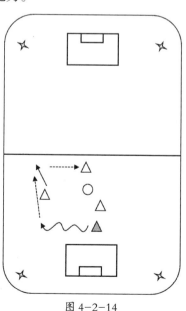

图4-2-14

通过不断的跑位来给传球队员创造有利的传球路线。

4.应用

球员传球时可以保持静止状态，但必须保证一次触球，且保证传球的质量；带球队员不允许跑动；可以只允许传空中球。

5.要点

球员必须保持移动状态；做好随时传、接球的准备；拍头保持与地面接触；球员必须在规定范围以内进行传、接以及抢断球练习；场地中间进行抢断的球员必须保持一定的积极性，全力完成抢断动作。

练习八

1.目的

提高移动中传、接球能力并创造射门得分的机会；熟悉如何避开难以形成射门得分的区域；提高直接面对球门射门得分的能力；提高多区域射门并得分的能力。

2.组织

教练员在较难形成射门得分的区域摆放标志碟（如边线和角落）进行标识，球员持球分组分别位于球场两边角落；教练员位于球员站位对面球门处附近准备。

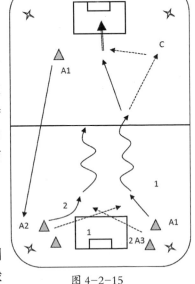

图 4-2-15

3.方法

球员 A1 无球状态下，稍斜跑向中场方向。与此同时球员 A2 传球给球员 A1，球员 A1 接球后运球继续往中场方向前进，过中场后观察传球路线将球传给教练员并继续向前跑动，教练接球后一次触球，将球回传给球员 A1，球员 A1 接球后直接射门；射门动作完成后 A1 回跑至对面队伍尾端入列。在球员 A2 第一次传球后，球员 A2 重复球员 A1 动作稍斜向中场跑动接球员 A3 的传球，以此类推，球员 A3、A4 等重复相同动作（图4-2-15）。

4. 要点

第一次只需稍微跑动接球且方向朝场地中间而不是沿着挡板跑动；抬头目视传、接球方向；无论球员或者球的位置在哪里，最后接球必须快速射门。

5. 应用

可以通过增加防守队员来提高动作的难度；在练习中强调传球和接球的准确度；在最后射门时重点练习射门的创造性；持球队员在运球时应保持比赛状态使传球更有竞争性；所有动作始终保持在运动状态中完成；可以进行双人之间的传接球也可以加一名防守队员进行练习。

练习九

1. 目的

提高移动中传、接球能力并创造射门得分的机会；熟悉如何避开难以形成射门得分的区域；提高直接面对球门射门得分的能力；提高多区域射门并得分的能力。

2. 组织

球员分成 A、B 两组持球成对角线在场地两侧站立；两组分别各有一名球员分别站在中场挡板附近和球门前面。

3. 方法

球员 A1 开始长传球给球员 B2，球员 B2 接球后迅速控制好球，快速转向运球跑向球员B3并把球传给球员B3，球员B3接球后射门；与此同时球员 B1 开始长传球给球员 A2，球员 A2 接球后控制好球，运球快速转向并传球给球员 A3，球员 A3 接球后射门；球员 A3 完成射门动作后到球员 A1 的位置，球员 A1 到球员 A2 的位置，球员 A2 到球员 A3 的位置。球员 B3 完成射门动作后到到球员 B1 的位置，球员 B1 到球员 B2 的位置，球员 B2 到球员 B3的位置。在进行一段时间的练习后，教练进行错误动作纠正（图4-2-16）。

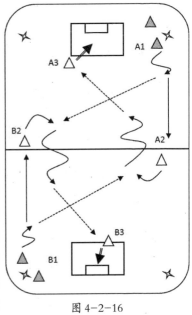

图 4-2-16

4.要点

球员 A1 和球员 B1 必须同时开始；鼓励球员首次接球时用反拍接球；传球需准确并有力；球员 A2 和球员 B2 需向前稍作跑动迎接球，尽量不要原地等球，随后运球转向通过中线再进行传球；球员 A2 和球员 B2 需保持移动状态，抬头观察球员 A3 的位置；球员 A1 需在移动中进行传球，传球后立即跑向中点准备下一个动作。

5.应用

可以进行 A1 传球给球员 A2、球员 A2 传球给球员 A3、球员 A3 射门的练习；练习时保持比赛状态。

练习十

1.目的

提高移动中传、接球的能力。

2.组织

球员五人一组；三个标志碟分别相距5 m成三角形摆放；三名球员围绕标志碟站立，其余两名球员站在标志碟中间；标志碟外围的球员控制球。

3.方法

标志碟外球员相互之间进行传球，主要以空中球和弧线球为主；标志碟内球员尽力切断传球路线并抢断球；当标志线外球员传球成功超越两名场内球员时，则标志线外球员得一分；如果标志线内球员抢断成功，则与传球失误球员进行位置互换并重新开始计分；标志碟外球员允许跑动中传、接球且应该保持两条以上的传球线路，使得他们不能只站在相同的一个地方进行传、接球（图4-2-17）。

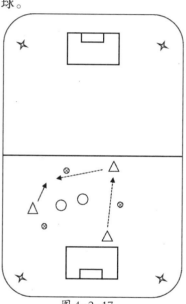

图 4-2-17

4.要点

传球中应该始终保持两条以上的传球路线；始终抬头观察传、接球的方向；标志碟外的球员不允许越线传、接球。

5.应用

可以进行七人一组练习，四人站在正方形标志碟外，三人在内；练习中只允许两次触球、一次接球、一次传球。

练习十一

1. 目的

提高移动中传、接球的能力；提高球场随机应变和观察能力。

2. 组织

球员三人一组；场地一分为三；球员身穿训练背心。

3. 方法

球员分组在规定范围内进行三对三练习，持球队员不得移动，无球队员持续跑位，为持球队员创造更好的传球机会；控球一方尽可能通过球员间传、接球来增加本方的控制时间；如果一方控球时间超过 90 s 则为胜方；球员接球后控球时间不得超过 3 s；如果传、接球过程中被对方球员抢断，则攻、防双方角色自动转换；固定比赛时间，在规定时间内胜方继续留在场上，换组上场继续进行练习。

4. 要点

保持比赛状态，做好传、接球的准备；无球队员必须持续跑位，不得站在防守队员的身后；必须严格遵守比赛规则。

5. 应用

可以在练习中增加不同的比赛规则，例如只允许向前方传球、只允许一次触球等；通过加快传、接球的速度，提高球员的反应能力及防守方的水平；重点强调进攻。

练习十二

1. 目的

提高比赛状态下传、接球的能力；提高打开比赛局面、创造更好进攻机会的能力；提高竞赛状态下运用个人技术的能力；提高打开局面展开进攻的移动能力。

2.组织

球员按实际比赛中的具体位置分组，如前锋、中场、后卫等。对初学者也可进行位置轮换制；教练员根据球员的特点进行位置安排，也可根据战术需求进行位置安排。

3.方法

如图4-2-18、图4-2-19、图4-2-20所示，球员A1和A2两名后卫在底线发球点进行发球，边锋A4位于同侧挡板附近，中锋A3位于场地中间靠近球门几m之处，而前锋球员A5则位于对方球门前段给对方防守一定压力。球员A1传球给球员A2，球员A2可以有两个选择，一是传球给球员A4，球员A4继续传球给球员A5，球员A5再进行射门；另一种选择是球员A2在球门后方运球跑动，同时球员A3往边上跑位接应，然后球员A2将球传给球员A3，球员A3接球后不做任何调整直接将球传球员A4并继续沿边线往前跑位，球员A4接球后迅速将球回传给球员A3，球员A3再传给球员A5并继续向前跑位，球员A5接球后即可传球给球员A3由球员A3完成最后的射门也可传球给球员A4；与此同时，后卫传球应该往前推进，为本方球员进攻做支撑，当射门动作完成后一次进攻结束；进攻中传球次数不可超过5~6次；一次进攻结束后，球员位置可以进行互换。

4.要点

强调注意进行准确的传球以及对传球时机的把握；着重强调移动中进行传接球，抬头目视传球方向；做好传、接球的准备工作。

5.应用

可以改变进攻开始的位置，例如球员A1和球员A2在球门前方进行发球。如果球队采用自由人战术则比赛使用低位三角开局（A1，A2和A4）；在练习的初级阶段可以进行无人防守的战术练习，后期可以加入防守方来增加练习的难度；练习开始后，球员A3、球员A5可以绕过障碍物形成进攻之势，球员A1和球员A2顺势转换为防守队员进行攻防练习。

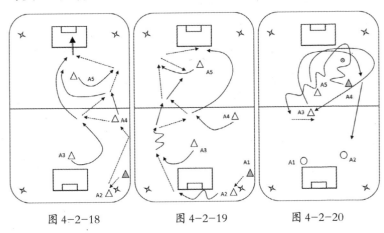

图4-2-18　　　　　图4-2-19　　　　　图4-2-20

练习十三

1. 目的

提高移动中传、接球的能力；提高竞赛状态下运用个人技术的能力；提高在进攻端跑位和得分的能力。

2. 组织

球员如图4-2-21、图4-2-22、图4-2-23所示分组，可增加不携带球杆或者反握球杆的防守队员。在练习初期，特别是青少年球员练习时，应该先熟悉传球路线以便球员不会在原地进行传、接球。练习开始前，教练应该使用战术板告知球员防守队员的位置，为进攻方设计最佳进攻路线及最佳射门区域。

3. 方法

球员A1和球员A2在中场进行发球，球员A3位于挡板附近，球员A4在中场，球员A5处于实力较强的进攻区域。前锋之间可以进行位置互换，特别是进攻当中，通过不断的换位创造更好的进攻机会。具体的跑动路线如：如果球员 A1 和球员 A2 互相之间进行传球如（图 4-2-21、图 4-2-22、图 4-2-23），前锋应该根据标志碟摆放的位置或根据防守队员的具体站位来进行跑位，做好空位接球的准备；如果将球传给左边锋球员 A3（图4-2-23），则球员 A5 向左边移动接应球员 A3，而球员 A4 则往中间移动做策应，具体往中场方向还是守门员区域移动取决于对方防守队员的站位情况。通过5~6次的传递，本次进攻以完成射门为结束。在所有球员完整理解战术意图并熟悉跑动线路之前需不断重复相同的练习，也可以在练习过程中根据需要稍加变化，发挥球员的创作力。每次进攻练习重复 3~4 次后进行分组轮换。

4. 要点

尽量利用开放区域，避免传球路线被切断并被抢断；随时做好传、接球的准备；抬头目视传、接球方位；鼓励球员充分发挥自身特点；根据球员的技术水平进行分组。

5. 应用

可以通过改变防守队员的人数来进行练习；可以固定一

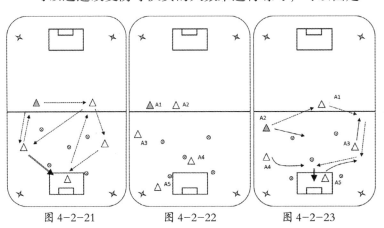

图 4-2-21   图 4-2-22   图 4-2-23

个区域进行练习，例如角球区、中场区域或前场区域等。

练习十四

1. 目的

提高在前场进攻区域传球的能力；提高打开局面拓展进攻区域并形成有效进攻的能力；提高限定时间内传球和跑位的能力。

2. 组织

球员 A1 位于球门后面；球员 A3 位于中线靠近挡板处；球员 A2 和其他球员持球在底角区域；教练计时并清晰指明移动路线。

3. 方法

第一步部分练习在防守区域打开进攻局面：球员 A1 接球员 A2 传球后运球往中线移动并传球给球员 A3，球员 A1 跑动的同时，球员 A3 跑动斜插至球门正前方接球员 A1 传球并回传给球员 A1，球员 A1 传球后继续往中线位置移动准备接球员 A3 传球。第二部分练习在防守区域展开进攻：球员 A2 传球结束后沿挡板往球员 A3 位置移动准备接球员 A1 的传球，球员 A1 运

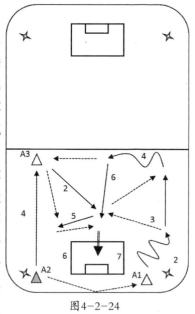

图4-2-24

球沿着中线继续跑动，并在中点位置将球传给球员 A2；球员 A3 在球员 A1 传球给球员 A2 时往挡板附近跑动准备接球员 A2 的传球；球员 A1 传球给球员 A2 后往球门中间区域跑动

准备接球员 A3 传球，完成最后的射门。（图 4-2-24）

4. 要点

教练员特别注意要控制传球和跑位的时间，确保练习流畅进行；球员 A3 要为球员 A1 的射门创造空档；保持真实比赛中的状态，跑动积极；练习出现问题时，教练员及时召集所有球员进行讲解。

5. 应用

可以由教练决定不同的跑动和传球路线。

八、射门练习

通常情况下，进攻队员运球到对方半场，或在对方半场抢断球后即可选择进行射门，根据射门时的难易程度，可以将射门区域分为三片（图 4-2-25）：1 号区域是最有威胁、进球效率最高的区域；2 号区域次之，守门员防守面积最大，适合中远距离的射门；3 号区域射门角度小，守门员较易进行防守。

练习一

1. 目的

提高各种技术形态射门的能力；提高抬头目视射门方向进行射门的能力；提高射门时保持正确握杆和身体姿势的能力；为守门员进行热身。

2. 组织

球员持球成扇形分布在距离球门 8 m 处的位置；球员

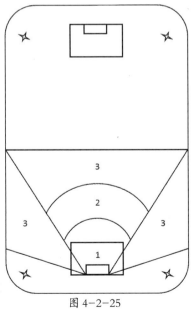

图 4-2-25

相互之间保持一定的距离为各自的射门创造足够的空间。

3. 方法

球员站在各自的位置上按一定顺利依次射门；允许使用不同的射门技术；练习刚开始时进行采用较为简单的射门技术，如手腕发力射门；当守门员热身基本结束时，可以采用力量较大的射门技术，如大力抽射（图4-2-26）。

4. 要点

抬头目视射门方向；保持正确的握杆方法和身体姿势；

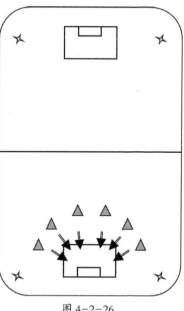

图 4-2-26

为下一位射门的球员留出足够的射门空间；球员要尽可能快地按顺序在射门动作结束后将球捡回并快速归位；所有球员射门练习结束前，应该避免从球网里面或球门后面拣球，以免造成伤害事故。

5. 应用

可以从底线先开始射门，促使守门员快速移动进行防守；可以采用运球向前突破两步进行射门；可以进行多次重复射门或者采用单人原地多次射门的练习方法。

练习二

1. 目的

提高球员在不同角度和位置进行射门的能力；对守门员进行热身。

2. 组织

一名球员站在球门前面（A1）；其他球员持球成扇形分布做好传球准备。

3. 方法

球员按顺序逐一开始给球员 A1 传球，球员 A1 接球后不分角度和位置直接射门，球员 A1 接所有球员传球并在所有射门结束后跑向队伍的开端与第一位传球给 A1 的球员互换位置，依次类推，每个球员都进行射门练习（图 4-2-27）。

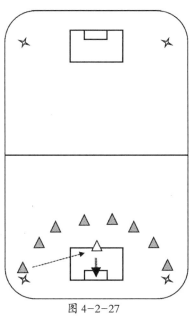

图 4-2-27

4. 要点

球员注意力需高度集中，做好随时进行传球和射门的准备；根据不同的传球选择相应的射门技术动作；保持比赛中的状态和身体姿势，如双膝微屈，身体重心下降。

5. 应用

可以进行传空中球练习，锻炼球员的手眼协调能力；对于技术水平较高的球员，可以进行多次传球而后再射门，例如第一次进行传球的球员可以将球传给其他球员，由其他球员再传给球员 A1 进行射门，这样就减少球员 A1 对传球方向的预判，提高球员 A1 的反应和自我调整能力。

练习三

1. 目的

熟悉不同射门类型的技术动作；提高移动中射门的能

力；对守门员进行热身。

2. 组织

球员分三组相距一定距离持球站在中线附近排队；在球场底角各摆放一个标志碟。

3. 方法

每组出一名球员同时往球门运球并进行射门；不同的线路，采用不同的射门方法，如手腕发力射门、大力抽射、反拍射门及拖杆射门等；按照迫使守门员进行移动的顺序进行射门；射门后，为避免阻挡下一位球员的射门路线，球员必

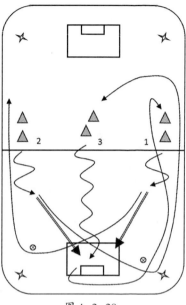

图 4-2-28

须绕过标志碟跑到其他组队伍尾端入列；从中间出发的球员需绕过球门；队伍按顺时针的顺序进行轮换（图 4-2-28）。

4. 要点

根据不同的射门方式，采用相应的握杆方法；射门后继续向前跑位；不可阻挡下一位球员的射门路线；球员应等守门员做好下一次扑救的准备动作再射门；1队和2队的球员不能离球门太近，但射门必须保证一定的准确度；守门员充分热身后即可进行各种难度的射门。

5. 应用

可以采用不同的射门方式；可以由边锋传球给中锋，并向球门区域跑动，中锋再回传边锋，边锋接球后立即射门，所有传、接球动作皆一次完成。

练习四

1. 目的

提高移动中射门的能力；对守门员进行热身；提高守门员快速移动的能力。

2. 组织

球员分两组持球排队分别站于挡板附近；在球门前设置标志碟标识射门的位置。

3. 方法

球员 A1 运球沿着挡板向球门标志碟位置跑动，当守门员快速向球门一侧移动时，球员 A1 快速变线，绕过标志碟跑向相反一侧进行射门；射门后球员跑向另一组再重复相同

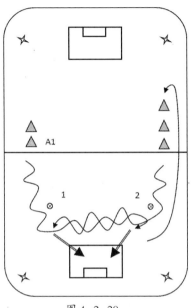

图 4-2-29

动作进行正、反手射门。球员 A1 射门结束时球员 A2 运球出发，如此循环反复（图 4-2-29）。

4. 要点

保证正确的握杆方式和身体姿势；控制好球并做好充分准备再进行射门；守门员应该追随球员的移动而移动，不可事先预判球员的移动方向或者射门位置。

5. 应用

球员可以从底角运球出发绕过对角线的标志碟进行射门。

练习五

1. 目的

提高移动中射门的能力；提高接球后直接射门的能力；守门员热身练习。

2. 组织

球员分两组持球分别位于两侧底角；在中线离挡板3m左右的地方分别放置两个标志碟作为球员转向的指示。

3. 方法

球员 A1 沿着挡板无球跑动，在标志碟附近做快速转

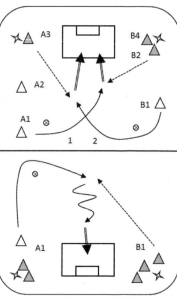

图 4-2-30

向面向球门，球员 A1 转向后继续面向球门方向跑动迎接来自对角线底角球员 B2 的传球，接球后可以控制球也可以直接射门，球员 A1 射门后往往向对角线底角方位移动；球员 B1 重复球员 A1 相同的动作，接球员 A2 的传球进行射门。初学者可以进行原地接球再射门的练习，但速度要尽可能快，熟练后则进行跑动中传、接球及射门（图4-2-30）。

4. 要点

应该在移动中进行传球，加快练习的速度；射门前必须抬头观察射门方位；保证传球速度适中，提高传球的准确性；精确计算传、接的时间，球和球员应该在同一时间抵达同一位置；开始时先练习接球后运球，最后再过渡到接球后直接射门。

5. 应用

教练员决定直接射门或控制球后再射门的练习；如果

进行直接射门练习，则传球应该更靠近球门区域，如果是控制球后再射门练习，则传球离球门稍远；可以进行传空中球练习；可以在同侧底角处，球员 A2 直接传球给球员 A1，球员 A1 接球后运球绕过标志碟快速转向球门并射门。如果对此练习较为熟悉，则可提高球员的跑动速度，加快练习的节奏即球员 B2 传球给球员 A1，球员 A3 传球给球员 B1，同时球员 B4 传球给球员 A2。

练习六

1. 目的

提高球员接球后不做调整直接射门的能力；提高接地滚球和空中球后射门的精确度；提高守门员快速左右移动的能力并热身。

2. 组织

球员持球分两组位于两侧挡板中线附近。

3. 方法

球员 A1 开始往空位跑动，在接近球门区域，停下来自球员 A2 强有力的传球，停球后球员 A2 进行精准射门或至少是指向具体方位的射门；球员 A2 传球后重复球员 A1 的动作；射门完成后，球员 A1 与球员 A2 互换位置，如此循环反复练习（图 4-2-31）。

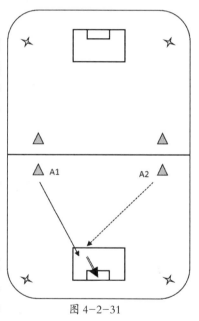

图 4-2-31

4. 应用

可以传空中球；球员 A1 可以沿着中线跑动接球，然后运球往球门区域移动并射门。

5. 要点

尽量在停球后不做调整直接射门；使用正、反手射门；练习中可以使用单手运球；球员可以正手停球，反手射门或者根据具体位置选择相应的射门方法。

练习七

1. 目的

提高移动中控制好球再进行射门的能力；提高限时射门的能力；提高创造射门空间的能力；提高守门员左右快速移动及近距离扑救球的能力。

2. 组织

球员持球分散在底角。

3. 方法

球员 A1 无球状态下跑向空位，当跑到空位中间时，球员 A2 运球跑向球员 A1，此时球员 A2 快速短传球给球

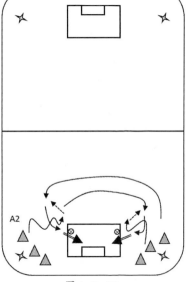

图 4-2-32

员 A1，球员 A1 接球后射门；球员 A2 传球后继续跑向对方底角。球员 A3 运球出发并快速短传球给球员 A2，球员 A2 接球后射门，如此循环反复；练习结束后换组、换边进行射门练习（图 4-2-32）。

4. 要点

进行快速短传球时必须提高精确度，使得防守队员没有

足够的时间来抢断球。

5. 应用

教练员可以扮演后卫的角色，促使球员在运球过程中重视对球的保护；可以进行近距离的射门练习。

练习八

1. 目的

提高移动中长、短距离射门的能力；提高在空位拼抢、控制的能力；熟悉双人掩护战术。

2. 组织

球员分四组，两组在底角，两组在中线靠近挡板处；所有球员持球面对球门。

3. 方法

球员 A1 从底角出发运球稍向球门方向几步，采用手腕发力、反手等方法进行小角度射门；球员 A2 从另一侧运球出发进行相同的练习；球

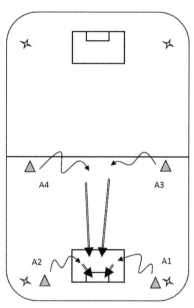

图 4-2-33

员 A1 和球员 A2 射门结束后随即跑向球门前方区域进行双人掩护；在球员 A1、球员 A2 到位同时，球员 A3 运球出发向中点前进几步随即进行远距离的大力射门；球员 A4 从另一侧出发进行相同的练习；四人完成各自的动作后按照一定的顺序换位练习（图 4-2-33）。

4. 要点

掩护本方球员进攻并影响守门员的最好方式就是不断地移动，从而带动守门员的移动并阻挡其视线；射门动作应该在两名球员交叉跑位至守门员前方并影响其视线时进行；其中一名掩护球员距离守门员 1m 左右的距离为最佳；负责掩护的球员应该时刻准备转身进行二次射门，如球击打到身体反弹落地后迅速进行二次射门。

5. 应用

球员 A1 和球员 A2 可以在球门前进行一对一的练习，各司进攻和防守的职责；当球员 A1 有更好的射门机会时，球员 A2 也可将将球传给移动球员 A1，让球员 A1 完成射门。

练习九

1. 目的

提高短传能力；提高长距离射门能力；提高掩护及击打反弹球的能力。

2. 组织

球员分两组，一组在底角，一组在中线靠近挡板处；底角处的球员持球。

3. 方法

球员 A1 传球给球员 A2，球员 A2 跑向前接球并控制好球；球员 A1 传球后追随球的方向跑动并接球员 A2 的短传球；球员 A2 传球后直接跑向

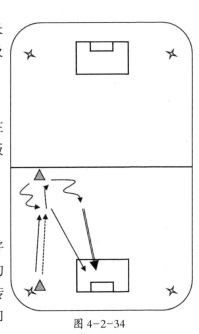

图 4-2-34

空位面对守门员，同时球员 A1 运球继续朝空位前进，当球员 A2 做好掩护并阻碍守门的视线时，球员 A1 进行长距离射门，如大力射门、长杆手腕发力射门、正手抽射等（图 4-2-34）；

球员 A1 完成射门后，球员 A2 时刻准备进行二次射门；所有球员完成一次练习后，换组进行重复练习。

4. 要点

短传球必须精确，避免防守球员抢断；球员 A2 传球后必须直接跑向空位，不得跟随球员 A1 的移动。

5. 应用

可以增加一名防守球员紧贴对方进行进攻掩护的球员；也可以增加一名防守球员紧贴进行射门的球员，提高射门的难度。

练习十

1. 目的

提高二打一情况下球员射门的能力；提高传、射研判能力。

2. 组织

球员分两组持球分别站立在底角并成对角线。

3. 方法

球员 A1 无球状况下沿挡板向中线附近跑动，球员 A2 传球给球员 A1，球员 A1 和球员 A2 同时向中线

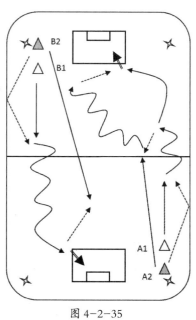

图 4-2-35

附近移动，球员 A2 运球；穿越中线后，球员 A1 决定是将球回传给球员 A2 并继续向对方球门移动以掩护球员 A2，还是继续运球向前移动并最终射门或者运球后再回传给球员 A2；球员 B1 和球员 B2 从另一底角出发重复相同的练习；一次练习结束后，A 组与 B 组换位继续进行练习（图 4-2-35）。

4. 要点

必须做出快速决定并以射门来结束一次进攻；A、B 两组队员必须同时从各自底角出发。

5. 应用

可以由守门员来进行第一次传球，将球传给球员 A1；也可以由教练来决定进行不同战术的演练，但必须重点强调配合熟练、默契及动作迅速。

练习十一

1. 目的

提高射门得分能力；提高为同伴运球、射门创造足够空间的能力。

2. 组织

一组球员持球在中线挡板附近，球员 A2 和球员 A3 如图 4-2-36 所示进行站位；以标志碟为假想对手；练习前教练对标志碟的位置进行明示。

3. 方法

球员 A1 传球给球员 A2，球员 A2 上前移动中接球；球员 A2 控制好球沿着挡板继续运球，球员 A1 传完球后开始朝空位移动，在与球员 A2 交汇时，球员 A2 将球短传给球员 A1。与此同时，球员 A3 从中间往边线附近移动创造空位；球员 A1 继续往底角移动至不太适合射门的位置以便将

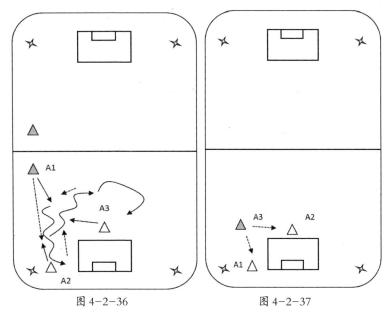

图 4-2-36   图 4-2-37

球传给球员 A3，而此时球员 A2 继续往球员 A3 创造的空位移动；球员 A1 靠近底角，球员 A2 位于球门正前方空位处准备接球员 A3 的传球进行射门；一次练习结束后，球员 A1 到球员 A2 的位置，球员 A2 到球员 A3 的位置，球员 A3 到球员 A1 的位置（图 4-2-36、图 4-2-37）。

4. 要点

必须提高射门的准确度；球员 A3 必须快速决定传球的方向，球员 A1 和 A2 做好射门的准备；球员必须进行快速的跑位，在规定时间内完成射门动作。

5. 应用

可以增加防守队员来提高练习的难度；可以进行不同类型的传、射练习。

练习十二

1. 目的

提高球员在强力防守情况下射门的能力；提高球员控制球的能力；提高球员利用假动作突破射门的能力。

2. 组织

两个球开口朝向底线挡板放置，离开挡板7m左右的距离；球放在球门上；球员分成四组，人数为奇数；两名守门员，两个球门。

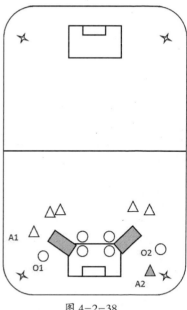

图 4-2-38

3. 方法

守门员将球抛向角落，球员A1和球员O1争球，先控制球的队员，立即开展进攻并射门。如果射门得分、球出界或守门员控制球则重新发球开始。每min进行轮换（图4-2-38）。

4. 要点

重点强调控制球和射门；抓住一切可能的机会进行射门；鼓励球员利用个人技术进行运球突破并进行射门。

练习十三

1. 目的

提高球员射门能力；提高球员充分利用空档进行射门的能力；提高球员阅读比赛的能力和及时作出决断的能力。

2. 组织

球员每3至4人一组进行分组；球场半场为练习区域；如果4人一组，则留一人在中线附近做替补。

3. 方法

球员进行半场 3 对 3 练习，如果进攻方射门得分、被防守方截断或抢断、或者球出界，则防守方将球传给中线替补球员，由替补球员再回传，立即开展进攻成为进攻方。如果进攻方失去控球权，则一名球员与替补球员互换位置。替补球员可以在中线附近进行左、右移动的接球、传球，甚至射门。在练习中，离守门员最近的球员要负责阻碍守门员视线，方便本方球员射门（图 4-2-39）。

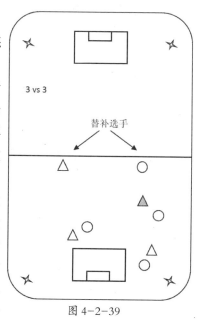

图 4-2-39

4. 要点

场上球员要保持不断的移动，并尽一切可能进行射门；当防守方得球后，球员必须为守门员做好掩护；丢球队员立即与替补队员进行轮换；球员必须严格遵守练习要求。

练习十四

1. 目的

提高球员射门能力；提高球员在比赛中技战术综合运用能力；提高球员进行战术布防的能力。

2. 组织

球员五人一组分成多组；防守方可以不使用球杆。

3. 方法

一名防守球员在中场附近控球。进攻方中卫或后卫之间在后场进行传接球，前锋和边锋进行跑位，寻找最佳射门位置。如图 4-2-40 所示，球员 A1 传球给球员 A4，球员 A4 跑向中场位置接球。同时，球员 A5 拉向边线，为队友的创造进攻空档，此时球员 A4 有两个选择。

选择 1：球员 A4 得球后，进行运球并将球传给球员 A5，同时，球员 A2 往中场移动，球员 A3 跑向球员 A5 创造的空位，然后球员 A5 传球给球员 A3，球员 A3 进行射门。球员 A5 也可以将球传给球员 A2，由球员 A2 进行射门，此时，球员 A3 负责干扰守门员视线。

选择 2：球员 A4 回传球给球员 A1，球员 A1 移动到挡板附近。球员 A4 传球后跟随传球方向继续在中场位置进行掩护，如果球被截断，球员 A5 上前进行协助掩护。球员 A1 运球沿挡板继续前进并将球传给正跑向挡板附近空位的球员 A3，传球的同时，球员 A2 移动到 A3 跑位后留下的空位，球员 A5 也可以给球员 A3 提供传球机会。球员 A3 得球后，传球给球员 A2，球员 A2 进行射门。球员 A3 也可以传球给球员 A5，如果球员 A3 传球给球员 A5，则球员 A2 负责干扰守门员。

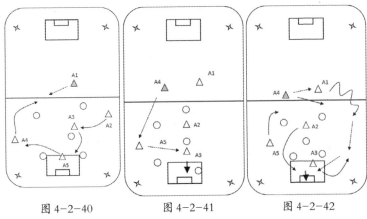

图 4-2-40　　　　图 4-2-41　　　　图 4-2-42

可以先进行无防守队员练习，然后增加无球杆防守队员、最后再进行实战防守练习。射门后，教练员抛球重新进行演练，防守队员断球后可以进行直接射门（图4-2-40、图4-2-41、图4-2-42）。

4. 要点

着重强调射门；球员的拍头始终保持与地面的接触，随时准备射门；负责掩护的球员要对守门员进行干扰；球员之间应该通过相互之间的喊话进行交流；球员要学会在练习中合理运用各种技术动作，合理阅读比赛，并迅速做出正确的判断和行动；球员可以在练习中发挥自己的创造力。

九、守门员技术练习

守门员技术包括有球技术和无球技术，在进行专项技术练习前需做好准备活动，避免在练习中受伤。

守门员可以和其他队员一起做热身运动，但是要特别注意多活动肩部、臀部、手腕和踝关节，以保持关节的灵活性避免受伤。

（一）准备活动

练习一

1. 目的

练习手、眼的协调性和反应能力。

2. 组织

守门员手持球面对墙站立，离墙1~3m的距离，无需佩戴头盔。

3. 方法

守门员将球扔向墙面，待球弹回时用手接住，先练习一只手扔球，同一只手接球；再练习一只手扔球，换只手接球；最后练习双手扔球，双手接球（图4-2-43）。

4.要点

球的出手高度要和双眼水平目视的高度相当，控制球的出手速度和力量，以保证球弹回时的高度基本与出手高度一致，尽量缩短反应时间。手臂保持扑救时的基本姿势，注意手腕发力。

图4-2-43 单手对墙掷球

5.应用

可以改变人墙之间的距离或者改变球速；使用两个球，右手将第一球扔出时，快速将左手的球抛向右手，左手接球，如此反复提高反应能力；两位守门员面对面站立，相互移动中快速扔球；另一名球门或教练或任何其他人站在守门员身后将球扔向墙面。

练习二

1.目的

守门员基本姿势热身；手部准备活动；锻炼手、眼配合的协调性。

2.组织

守门员膝盖着地，保持基本姿势；两名守门员相距 2~3m 的距离；两人共用一个球。

3.方法

守门员相互之间用手进行抛球、接球；使用正手和反手进行抛、接球；使用双手进行抛、接球；抛空中球或地面反弹球（图 4-2-44）。

4.要点

图 4-2-44 双人掷球练习

守门员必须保持比赛中的状态；守门员必须一直保持基本姿势，上身保持直立；尽量接住每个球。

5.应用

可以根据守门员的不同水平，同时使用两个球；也可以使用羽毛球或者网球来代替旱地冰球；可以在移动中进行抛、接球练习。

练习三

1. 目的

热身运动；提高肌肉力量，提高身体控制能力。

2. 组织

守门员膝盖弯曲坐在地上，上半身依靠在双手上，双手和双脚保持一定的距离。

3. 方法

守门员双手撑地，躯干向上抬起，膝盖成 90° 弯曲；持续保持身体平衡，背部挺直；缓慢抬起一腿并伸直，然后换腿重复练习，重复几次后，逐渐加快换腿速度，单脚触地即换腿，持续20 s左右；连续做三组，每组间隔10 s（图4-2-45）。

4. 要点

背部必须保持挺直，臀部不可下坠；练习中注重加强臀部柔韧性，提高核心肌力量。

图 4-2-45　单脚支撑平衡

（二）柔韧性练习

柔韧性练习可以在准备活动期间配合各种移动穿插进

行，包括髋关节、肩、手臂、手腕等部位的柔韧性练习，以免再投掷球时受伤。几乎所有的柔韧性和灵敏性练习都可以安排在准备活动期间进行。

练习一 提腿运动

1. 目的

增强臀部柔韧性。

2. 方法

背部着地，双手成水平线平摊，屈膝提腿转向同侧手相反方向，同时肩部保持贴紧地面。练习时注意着重锻炼臀部和下背部，平躺动作做完以后，转身俯卧，重复相反动作（图4-2-46、图4-2-47）。

图4-2-46 仰卧侧拉腿

图4-2-47 俯卧侧拉腿

练习二 背杆下背部旋转

1. 目的

增强肩背部柔韧性。

图 4-2-48 背杆左右转体

2.方法

双脚自然开立，宽度保持与肩同宽，双膝微屈；双手分别握住球杆两端，将球杆放在肩部；保持髋关节稳定；上半身左右转动（图4-2-48）。

练习三 摆腿运动

1.目的

增强腿部柔韧性。

2.方法

单脚站立支撑，另一只脚腾空，手扶墙或其他支撑物；腾空脚往左右两侧摆动；下背部尽量保持稳定，以便移动部位主要由臀部产生；左右摆动结束，再进行前后的摆动，左右脚交替进行（图 4-2-49）。

图 4-2-49 正、侧面踢腿

练习四 跨栏

1. 目的

加强臀部和大腿后侧柔韧性。

2. 方法

双手放在臀部或放在头颈后面；脚尖蹬地，脚跟着地；膝关节在运动中起主导作用；背部保持挺直。每组跨越十个栏杆，每次两组，每组之间休息片刻。根据球员的身高或腿高来调整栏杆的高度。

练习五 肩关节绕环

1. 目的

加强肩关节的柔韧性。

2. 方法

双脚自然开立，与肩同宽；双手分别握住球杆两端，根据个人肩关节柔韧程度选择不同的宽度；双手伸直，握杆绕过头部到背后，再原路返回，期间肘关节不能弯曲。

练习六 手腕绕环

1. 目的

图 4-2-50 腕关节练习

加强腕关节的柔韧性。

2. 方法

双手胸前交叉，手腕和指关节成波浪状运动（图 4-2-50）。

练习七 基本姿势开始前后滚翻

1. 目的

加强全身柔韧性。

2. 方法

守门员从基本站立姿势开始，下巴收回靠近胸部，同时双腿回收也靠近胸部；脚蹬地加速向前滚翻；站立恢复成基本姿势。重复 5 次，然后向后滚翻，方法同前滚翻。

（三）拉伸和训练后恢复练习

对任何一项体育运动而言拉伸练习都是非常重要的内容之一。特别是守门员，在训练前的拉伸练习有助于提高肌肉的弹性，扩大运动范围。

拉伸的目的取决于具体的时间，根据不同的拉伸类型和长度所达到的效果也不尽相同，在练习前或训练中长时间的拉伸会使肌肉疲劳，因此应该予以避免，但是可以作为一种个人训练经常加以练习。训练结束后 1.5~2 h 是进行拉伸练习的黄金时间，此时肌肉已经从训练中恢复，练习可以避免肌肉拉伤。训练后恢复的最佳办法是进行慢跑或慢走，将乳酸和其他一些代谢物排出肌肉。具体的拉伸和恢复练习如下：

练习一 大腿股四头肌

方法

扶墙或其他静止物体站立；单腿保持支撑，手从背后握另一支腿踝关节或脚尖；将踝关节或脚尖拉向臀部；膝关节弯曲，臀部拉直，上身保持直立；保持拉伸状态；将拉伸脚放下作为支撑脚，换腿重复相同的动作。（图4-2-51）。

图4-2-51

练习二 臀部

方法

单膝跪地，另一支脚放在身前保持平衡，膝关节成90°；用手向前推送膝盖着地腿的另一侧臀部；臀部不可下垂或旋转；交换腿重复相同动作（图4-2-52）。

图4-2-52

练习三 大腿后侧

方法

单脚着地伸直支撑，另一支脚脚尖朝上伸直放在板凳或栏杆上，双手按住膝盖；身体前倾下压，双腿保持伸直，膝盖不能弯曲；保持拉伸状态；换腿重复相同动作（图4-2-53）。

图 4-2-53

练习四 臀大肌

方法

屈膝盘腿坐在地上，一只腿完全贴合地面，另一只穿过着地腿的膝盖，同时将腿拉向自己的身体；上身挺直，换腿重复相同的动作（图4-2-54）。

图 4-2-54

练习五 腓肠肌

方法（腓肠肌）

面对墙站立；单脚支撑，另一支脚脚跟着地，脚尖抵住墙，使得踝关节成一定角度；保持全身姿势不变，重心向墙面靠拢；换腿重复相同动作（图4-2-55）。

图4-2-55

图4-2-56

练习六 三角肌和斜方肌（肩部）

方法

身体自然站立；左臂肘关节成90°，指尖朝上置于胸前；右手架于左臂肘关节处；右手用力将左臂肘关节拉向胸部位置；换手重复相同动作（图4-5-56）。

练习七 上背部

方法

双脚并拢站立；上身前倾至胸部贴近大腿，手臂抱紧膝盖；膝盖先弯曲，然后慢慢伸直，同时拱背、眼睛盯着脚趾，手臂依然紧抱膝盖；肩胛骨要有拉伸动作（图4-2-57）。

图 4-2-57

（四）守门员技术训练的分层教学

守门员的训练主要分为三个层次。第一层次主要训练守门员的基本身体素质；第二层次主要训练守门员的个人技术；第三层次主要训练守门员在实战中的技术应用及球感。

守门员所应具备的最重要的身体素质就是对身体的控制能力，反应速度、肌肉耐力以及手眼的协调配合能力。

守门员必须对这些方面加以重点练习，教练员要有意识的培养守门员单独训练能力，制定个人训练计划。因为在整支球队的训练过程中，教练不会有足够的时间给予守门员持续的反馈，因此，进行专门性训练非常有必要，也凸显了守门员的重要性。

身体控制能力是影响守门员站位的重要因素。为保持对身体的控制及平衡，需要特别对腿部、腰部、腹部以及后背进行专门的训练。守门员准备姿势如下：

双膝着地，重心落在膝盖上以便双脚可以自由移动；上身轻微前倾保持平衡以便双脚左右移动；双手张开，掌心正对前方，肘关节弯曲，置于身体两侧略过胸前；双脚位于臀部之后，脚尖着地，防止球从双脚之间穿过。

一般而言，守门员无法长时间保持基本准备姿势，因此，如果球在对方半场，或者对方球队没有射门的可能时，可以保持站立的姿势。一方面可以有更好的视野，另一方面也可以放松一下踝关节、膝关节。

除了基本的准备扑救姿势以外，还有一些守门员有自己个人独特的准备姿势，根据守门员个人的身体条件而有所差异。不管什么姿势，只要有利于更敏捷的反应、更快速的移动都可以作为基本姿势。

1. 身体控制能力训练

练习一

①目的

提高大腿肌肉及核心肌肉群力量；提高静止状态下保持平衡的能力。

②组织

两人一组。

③方法

图 4-2-58　背靠背屈膝

两人两手交叉背靠背相互支撑；膝关节成90°左右；保持姿势不变静止30~60 s（图4-2-58）。

④要点

膝关节与脚趾成直线且与肩部平行；膝关节成90°；背部伸直，双眼平视，双手放在臀部。

练习二

①目的

发展核心肌肉群力量。

②组织

队员排成一排，中间间隔一定距离。

④方法

身体保持水平；前臂支撑成俯卧姿势，肘关节弯曲成90°；踮脚尖提臀，腿部、臀部及背部肌肉紧张保持身体成水平姿势30~60 s（图4-2-59）。

④要点：背部必须伸直；左右肩胛骨与身体中轴线保持同等距离；核心肌肉群必须保持活跃；当腹部下垂身体无法保持水平则练习结束。

图 4-2-59

练习三

①目的

发展腿部力量，提高移动中的反应能力。

②组织

守门员在守门员区域保持基本准备姿势，教练员或其他球员持球站在离球门 8~10m 的距离。

③方法

教练员或其他球员面向守门员大力射门；射高球以便守门员能跳起来做出扑救动作。

④要点

守门员必须快速起跳；只能用脚做出移动；必须根据来球的方向做出相应的扑救反应，但对手射门特别高，守门员必须迅速站立，判断好来球方向并做出扑救动作。

⑤应用

守门员做完一次扑救动作后，位置前移继续下一个扑救，连续三次扑救。

（1）当守门员在球门线上时做精准射门。

（2）第一次扑救完毕以后，守门员快速向前移动做第二次扑救。

（3）第三次射门角度高迫使守门员跳起来做扑救动作。

练习四

①目的

提高守门员快速从扑救动作归位基本姿势的能力；提高守门员的移动反应能力。

②组织

教练或球员持球站在离球门 6~8m 的距离；守门员在球门线上保持基本姿势。

③方法

教练或球员从不同角度进行精准射门；守门员做完扑救动作以后尽快归位至基本姿势。

④要点

强调时刻保持基本准备姿势；守门员要着重培养保持基本准备姿势的意识，不可躺在地上，手臂保持活跃，重心不可放在膝盖上，时刻准备以脚为蹬地点往任意方向移动；在练习中，每一次扑救都要为下一次扑救创造良好的机会。

⑤应用

此练习可以同时使用两名守门员；射门距离可以进行调整；守门员手抛球给准备射门的队友。

2.反应速度及其练习

球场上瞬息万变，守门员必须保持注意力高度集中且具备良好的反应的能力。球越靠近球门，守门员需要做出的反应越快速。守门员的反应速度包括两方面：一是扑救反应，二是对场上变化所做出的反应。

（1）扑救反应

就守门员的反应而言，敏捷性和神经元控制相当重要。从大脑发出的刺激传递给肌肉并做出相应反应是可以通过训练来缩短反应的。通过特殊渠道和类型的训练，神经传递途径可以被缩短，反应也逐渐变得自动化，例如通过对墙抛球练习提高接球反应能力。通常最好的办法是通过球员射门训练来提高快速反应能力。通过训练，出现反弹球时，守门员应该条件反射做出反应去接球。

（2）脚部反应

当出现低位射门时，脚的反应就显的相当重要。脚部也是阻挡对手传球路线、截断传球的重要部分。保持基本扑救姿势可以使身体的重心落在膝盖，以便脚能自如的在左右两边做出扑救反应。

（3）手部反应

双手可以接球，也可以做出扑救动作。双手稍置于身体前方以便进行全方位的移动，守门员应该具备单手接球的能力，只有当球射向守门员身体时，才可以使用双手进行接球。

（4）头部反应

头部应该追随手的运动，守门员要敢于直面球，不惧怕球飞向自己的面部。

（5）手和头的协调配合

在实际应用中，大多数身体所做出的反应都是互相协调配合的，例如当扑救动作是往身体的左边，那么手、脚部迅速做出反应向左侧做出扑救动作，同时头部也向身体左边偏移，反之亦然。（图4-2-60）

图4-2-60　手和头协调

练习一

①目的

训练扑救动作，提高扑救反应速度。

②组织

守门员背向球场，面对球网，保持基本扑救姿势。教练员持球站在距离球网 5~8 m 的地方。

③方法

教练员发出提醒信号，并做好射门准备，守门员听到信号后迅速转身，同时教练员大力射门，守门做出各种扑救动作；射门结束后，守门员再转身保持初始状态，重复前面的动作。

④要点

守门员的转身必须迅速而且高效；重点关注脚步的移动；重心应该落在脚步上，手随时做好扑救的准备动作。

⑤应用

教练员可以从障碍物后面开始射门，使得守门员无法对射门的方向预先做出预判。

练习二

①目的

提高做出迅速扑救反应的能力，提高移动能力。

②组织

3~5 名球员持球站在离开球门 7~8 m 距离的不同位置；将球员进行编号。

③方法

教练员喊出球员号码，此号码球员开始进行射门；守门员扑救动作完成后，迅速返回并保持基本扑救姿势准备下一个扑救；球员号码随机且换人迅速（图 4-2-61）。

④要点

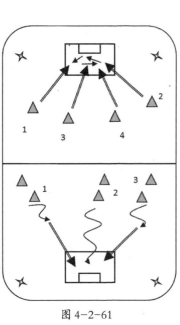

图 4-2-61

整个训练过程中，守门员必须保持高度的精神集中，做好随时扑救的准备；必须做出相应的移动动作，扑救动作完成后需快速归位。

⑤应用

可以进行球员移动中射门；射门动作多样化；一对一对抗中射门。

练习三

①目的

提高做出迅速扑救反应的能力，加强肌肉力量及协调性。

②组织

守门员后背着地，呈仰卧起坐式平躺，膝盖弯曲，脚尖朝前；教练员持球站在距离守门员 5~7m 的位置。

③方法

教练员发出信号，守门员迅速起身保持基本扑救姿势；与此同时，教练员射门，守门员做出扑救；重复数次相同动作；守门员俯卧，面向地板，重复前面相同动作，重点用手做出扑救动作。

④要点

守门员每次必须保持正式比赛中的状态，时刻准备进行扑救；每次扑救结束后，尽力迅速归位到基本扑救动作。

练习四

①目的

提高扑救反应能力。

②组织

球门反向放置于球门区；两名球员持球站立于球门区后面。

③方法

球员轮流将球射向挡板并反弹进球门；守门员或教练发信号给球员进行射门；守门员对反弹球进行扑救（图4-2-62）。

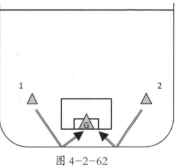

图 4-2-62

④要点

由于守门员无法对球的方向或角度进行预判，因此必须时刻保持注意力高度集中，做好扑救准备；高位球主要训练手、眼和头部的反应，而低位球则主要训练脚步的移动。

（6）比赛中的反应

正式比赛中守门员技术水平良好的发挥来自平时刻苦的训练以及经历各种比赛的实际锤炼。根据场上的情况，守门员会在大量移动的基础上做出各种扑救动作。首先，守门员必须熟练掌握扑救的专门技术，然后再学会如何在实际情况下加以运用。尽管球场上的情况瞬息万变，通过特殊的训练守门员还是能尽可能快的做出相应的反应。掌握的移动方式越省时，做出扑救的反应就越快。

守门员在球场上必须保持注意力高度集中，上身总是保持挺立，时刻准备好做出下一次扑救，绝对不可以在场上分心走神。可以进行如下练习来提高场上扑救球的反应能力。

练习一

①目的

提高比赛中守门员做出快速扑救动作的能力；球员进行热身。

②组织

球员分成四组，每组三人；每组身穿不同颜色的训练背心；进行半场练习；在球门上摆放几个球。

③方法

球员分组进行三对三的攻防练习；每1min进行轮换。

④要点

守门员必须时刻保持警惕，因为双方球队随时都有射门的可能；如果射门得分或者球出界，则守门员从球门上拿出球，抛向场地中间重新进行练习；守门员必须分清两组球员。

⑤应用

可以根据球员人数的多少对每组球员数进行增减；每次进攻结束后，从中线附近重新开始；运球和传球都可以穿越中线；球场中间为空位，防守方每一次断球后，必须将球回传至中线空位球员，由空位球员开展进攻；可以进行长、短距离的射门。

3.肌肉耐力练习

在正常比赛中，守门员应该具备始终保持上身挺立的能力。这要求守门员具有较强的身体稳定能力及良好的肌肉耐力。发挥作用的主要是身体核心肌肉、腿部肌肉群以及臀肌。静止性练习可以提高肌肉耐力，但是通过让心率保持在一定频率的动态练习依然是行之有效的练习，守门员可以通过专门性的系统训练来有效提高肌肉耐力。具体练习如下：

练习一 半蹲练习（腘绳肌腱和股四头肌）

①方法

两脚平行分开，脚尖朝前，与肩同宽站立，手臂上举至颈部位置或置于臀部后面；臀部为主，重心下降，膝盖弯曲成半蹲状，背部挺直；膝盖指向与脚尖相同的方向；保持半蹲的姿势30 s，然后重复相同的练习，时间逐渐加长（图4-2-63）。

②要点

图 4-2-63 　家半蹲练习

整个过程中，脚尖、膝盖和头部始终保持相同的垂直线，背部保持挺直。

练习二 弓箭步练习（腘绳肌腱和股四头肌）

①方法

两脚平行分开，脚尖朝前，与肩同宽站立，手臂上举至颈部位置或置于臀部后面；单脚往前迈步，大、小腿成90°，背部挺直；膝盖指向与脚尖相同的地方；保持弓箭步姿势15 s，然后前脚蹬地还原成初始姿势；换腿重复相同的动作，停留时间逐渐增加（图4-2-64）。

②要点

上身保持不动，膝盖必须成90°，后支撑脚脚尖着地。

图 4-2-64　弓箭步练习

练习三 俯卧撑（胸大肌、上身核心肌、肩部、二头肌）

①方法

身体俯卧、面向地面，双手与肩部平行自然垂直与地面成 90°；身体呈倾斜状，肩膀位置较高，往臀部一直下倾；下半身的臀部到小腿呈直线不能弯曲，腰、腹及背部肌肉保持紧张，脚尖撑地；屈肘重心下移，胸部靠近地面位置，然后再还原至初始位置，重复相同动作（图 4-2-65）。

②要点

手臂撑起时必须伸直，身体保持一条直线。

图 4-2-65　俯卧撑

练习四 仰卧起坐（腹肌和上身核心肌）

①方法

身体仰卧平躺在地面；两脚稍微分开，膝盖弯曲，手抱紧颈部；团身慢慢抬起身体，下背部尽量贴地；下巴贴近胸部；上身缓慢还原，重复相同的动作（图4-2-66）。

②要点

下背部不可离地，头部不可往后；脚部保持原始状态。

图 4-2-66　仰卧起坐

练习五 转体仰卧起坐（腹斜肌）

①方法

身体仰卧平躺在地面；两脚稍微分开，膝盖弯曲左手放在颈部后面，右手伸直放在另一侧地面；抬起上半身，左手肘关节触碰右腿膝盖，下背部贴地，重复20次。换一个方向重复相同动作（图4-2-67）。

图 4-2-67　转体仰卧起坐

②要点

肘关节尽量靠近另一侧腿部膝关节，下背部尽量贴地；脚部保持不动。

练习六 双手后撑下蹲（肱三头肌，肩部）

①方法

首先坐在板凳或其他类似物体上，双手按住板凳，拳面朝前；双脚前移与手部之间保持适当距离；以臀部为中心，身体下沉，肘关节成 90°；下沉时，肘关节不得外展，肘尖朝后（图 4-2-68）。

②要点

脚步不可移动，重心逐渐下沉；目视前方。

图 4-2-68 双手后撑下蹲

练习七 侧卧撑（身体核心肌）

①方法

身体保持一条直线侧躺，肘关节撑地；身体中段保持紧张并伸直；保持姿势 30~60 s；肘关节成 90° 支撑，前臂与身体成 45° 角且与地面保持垂直（图 4-2-69）。

②要点

身体须保持伸直，腹部肌肉紧张；头部与身体成一条直线。

图 4-2-69 侧卧撑

练习八 双手头部掷球

①方法

两脚分开与肩同宽，离墙面 2~3 m 的距离站立；双手伸直持球放在头顶，面对墙面；身体后仰将球扔向前面，待球弹回时，双手接住球；重复相同动作 20~30 次（图 4-2-70）。

②要点

保持上体姿势不变，扔球时不能仅依靠手臂力量而要借用身体的力量。

图 4-2-70 双手头部掷球

练习九 仰卧起坐式掷球

① 方法

身体平躺在地面，双脚着地，双膝弯曲；脸正对墙面，双手伸直持球至于头部。上身抬起时，将球扔向墙面并接住反弹回来的球。重复相同动作10~20个（图4-2-71）。

② 要点

脚步不可移动；双手接球必须在头顶。

图4-2-71 仰卧起坐掷球

练习十 双人原地头顶传接球

① 方法

守门员双脚开立与肩同宽面对面相距3 m左右的距离站立；双手伸直持球放在头顶；从头部和裆部进行传接球练习（图4-2-72）。

图4-2-72 原地双手头部传球

②要点

掷球是双手伸直，头顶部和裆部接球。

练习十一 持球跨步转体

①方法

双手持球至于胸前；迈步成弓箭步，脚膝盖跪地靠近地面；背部伸直，前脚成90°；持球朝前脚同一方向转体；重复练习20次。换腿重复相同练习（图4-2-73）。

②要点

转体时背部保持伸直，脚步不可移动。

图4-2-73　跨步持球转体

4.基本扑救动作练习

练习一

①目的

提高守门员扑救的反应能力；提高扑救时手部动作的反应能力。

②组织

两名守门员一组，相距 10~15m 的距离；其中一人持多球，另一人保持基本姿势。

③方法

持球守门员快速向另一守门员扔球，球飞行的方向为其头部以上及身体两侧；头部以上的球，守门员用手快速进行封阻，两侧的球做扑救动作将其挡出；多球训练结束，守门员互相换位继续练习，重复多组。

④要点

对于头部以上的来球，守门员必须用手进行封阻；身体两侧的球必须做出扑救动作将球挡出。

练习二

①目的

提高守门员扑救球的能力。

②组织

球员持球离球门5~7m 的距离

③方法

球员轮流进行射门，每次射门间隔一定的时间以便守门员有足够的时间进行扑救准备。球员射门时主要采用精准度较高的射门方法，提高命中率。

④要点

守门员在每次扑救前需保持基本扑救姿势；射门球员须提高射门的准确度；每个球员在自己身前准备多球，减少捡球时间。

⑤应用

球员可以选择大角度的射门，提高守门员扑救的难度；球员可以进行快速的连续射门；球员可以有针对性地射某一个角度，进行专门化训练。

练习三

①目的

提高守门员移动中扑救球的能力。

②组织

球员分组持球站于中线位置。

③方法

球员依次运球前行几步，而后进行准确射门；每次射门结束，球员捡好球，回到队伍中间继续进行射门。

④要点

守门员必须在每次射门之前归位到基本姿势；球员射门前需观察守门员是否防守到位，到位后才可进行射门；球员射门时应选择不同的角度，以提高守门员移动中扑救球的能力。

⑤应用

可以由两名球员一组，一人传球，一人射门；传球至固定点进行射门；球员自由选择运球和射门方向。

5.守门员移动练习

旱地冰球守门员的移动必须快速、流畅、顺滑。由于旱地冰球的特殊性，球的飞行速度远远大于球员跑动的速度，因此，守门员必须事先对球的飞行路线做出预判并做出相应的移动。守门员的移动主要靠腿部动作来完成，因此腿部和身体中枢部位的力量大小起着决定性的作用。

（1）左、右两侧大幅度移动

特点：守门员从基本姿势进行左、右两侧大范围移动防守时，必须利用膝盖和脚的协调配合才能快速、流畅的完成移动。旱地冰球守门员的移动具有动作幅度小、隐蔽性强、移动速度较快的特点（图4-2-74）。

动作要领：首先做好基本准备姿势，两眼注视来球，身体重心置于两腿之间集中精力准备移动。移动时，膝盖抬起，朝向移动的方向，脚尖蹬地准备发力。脚尖发力瞬间，身体跟随膝盖转向移动侧，随即膝盖着地，顺着地面稍作滑行，身体重心移至预定地点。同时另一只脚快速收回还原成基本准备姿势。

易犯错误：

①先脚尖蹬地，后抬膝盖，发力顺序错误，手部没有保持扑救姿势。

②蹬地发力移动时，身体重心仍然留在初始位置，造成上身和下肢脱节。

③蹬地力度不够，抬膝收腿动作缓慢，虽动作没有明显错误，但移动速度太慢，达不到预期的效果。

纠正方法：

①先忽略手部动作，着重体验抬膝、蹬地发力的动作，必要时可借助手臂力量进行移动滑行。

②练习时注重身体重心的移动

图4-2-74-1

图 4-2-74-2

图 4-2-74-3

图 4-2-74-4

③前、后移动

特点：前、后位置的移动同样主要依靠腿和脚的配合来完成，重心始终位于膝盖位置。借助手的帮助，前、后移动非常容易，然而大部分时间，手部还是需要保持基本扑救姿势，前、后移动依然靠腿和脚的协调配合来完成。前后移动的主要特点是重心没有过多转移、动作幅度小、速度较快。

动作要领：完成前、后移动动作之前保持基本准备姿势。前移时，膝盖上提往前迈步，提膝的脚步着地，大、小腿呈近90°。脚尖蹬地发力，同时身体重心前倾，脚尖保持不动，膝盖顺势下压着地。另一只腿拖地滑行前移，最后还原成基本姿势。

示范练习：

练习一

①目的

提高守门员移动防守的能力

②组织

守门员在守门员区域外围保持基本姿势；教练员站在球门前。

②方法

教练员站在球门前用手势发信号指引守门员移动方向；移动方向如图4-2-75所示进行三角形移动；重复相同动作计时1min进行轮换。

④要点

守门员必须集中注意力以最快速度完成移动；必须按照

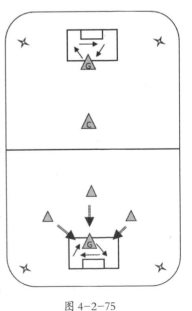

图4-2-75

教练员的指示方向进行移动；如果守门进行侧向移动时，利用前腿进行蹬地发力；移动时充分利用双膝进行滑行；在移动过程中，随时准备进行扑救。

⑤应用

三名球员持球从三个不同的角度进行轮流射门，守门员在每一次移动后做扑救动作；每次扑救动作完成后，守门员必须快速恢复基本姿势。

练习二

①目的

提高守门员移动中扑救球的能力，提高守门员实战中移动救球的能力。

②组织

球员每 2~4 名一组，分成若干组；两人组，则安排位置在球门前方，守门员区域角上；三人组，安排两人在球网前，一人在球网后；四人组，则守门员区域四角各站一人。

③方法

无论两人组还是四人组，相互之间进行随机传球，守门

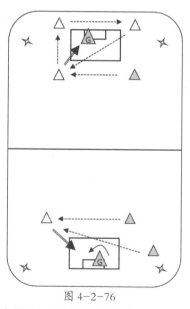

图 4-2-76

员跟随传球的线路进行移动，球员在不同位置进行射门。如果两人一组则可以在移动中进行传、接球，随后随机进行射门（图 4-2-76）。

6. 手抛球练习

旱地冰球比赛中，禁止球员向本方守门员传球，球员

通过与守门员之间的相互传递达到一定攻防效果的路径被切断，因此守门员手抛球发动进攻是守门员参与全队整体进攻的关键一环。通过手抛球发动快动、稳定防线是现代旱地冰球比赛守门员的重要职责之一。

持球方法：手掌自然张开，五指收缩成中空圆柱形状。单手持球，大拇指、食指和中指紧扣住球，无名指抵住球起稳定作用（图4-2-77）。

图 4-2-77

手抛球的具体方法：

（1）地滚球

特点：较为安全的抛球方法，稳定性好，有助于队友顺利接球；不利之处在于，当本方队友保护球能力较差或对方进行前场紧逼反抢时，具有一定的危险性，容易被对方断球。通常在对方没有进行前场逼抢，本方队员正在进行进攻战术安排时使用此方法，传球给最接近守门员位置的队友。

动作要领：单手持球，单膝着地或靠近地面，重心下沉。手部先做后引动作，随后向前挥动手臂，单手靠近地面时，掌心朝前释放球，使球向预定方向滚动前行。根据距离远近，使用不同的力量（图4-2-78）。

易犯错误：出球时，直接将球抛出，球没有形成滚动状；出球时力量过大，增加了本方队友接球难度；没有将球传给最靠近自己的队友，增加被断球的风险。

图4-2-78　原地手抛地滚球

（2）短距离反弹球

特点：利于开展快速反击，通过反弹球直接将防守队员置于球后，破坏对手的防守。当对手敏锐地截断传球路线，会直接造成本队防守的被动。

动作要领：单手持球，手臂上举，将球置于肩部背后，肘关节弯曲。手臂向前下方做甩臂动作，球的落点靠近守门员以利于球的反弹。球的反弹高度以超过对方球员球拍高度为宜。反弹后球尽量贴着地面滑行，方便本方队友接球。

易犯错误：用力过大，球反弹过高；落点离守门员太远。

（3）长距离地滚球

特点：长距离地滚球有利于快速打开进攻局面，稳定性较好，利于本方球员快速控球。不利之处在于如果对方进行紧逼防守，传球路线容易被切断，从而造成控球权的丢失。通常在本方进行快速反击、对手防线未布置完整的情况下使用此方法。

　　动作要领：双脚前后站立，侧身，面向出球方向，单手持球置于肩后，靠近耳边。肘关节指向与出球方向相反，出球时，手腕转动向外向前成弧线运动，同时重心逐渐下沉，膝盖弯曲，手部靠近地面时球出手。球的第一落点尽量远离守门员，但不可超过球场中线。出球后，手臂指向出球方向，整个出球过程，手腕保持放松。（图4-2-79）

　　易犯错误：双脚平行站立，没有侧身，肩部没有指向出球方向；整个过程手腕过于僵硬，动作不协调；球的落点过于靠近守门员或超过中线。

图4-2-79　手抛长距离地滚球

　　（4）长距离反弹球

　　特点：长距离反弹球速度快，对方难以进行截断，是快速缓解本方防守压力、将防线前移的有效手段。缺点是球较难控制，容易失去控球权。通常在对手进行前场压迫式进攻且都聚集在守门员区域附近时或本方前锋游弋在对方半场伺机射门时使用此方法。

　　动作要领：双脚分开，前后站立，单手持球置于肩后。出球时，先转体，再转臂，手臂由后往前进行挥臂。球在肩部位置出手，手臂继续随挥动作，并指向出球方向。肘关节和手腕控制出球的具体方向，肩部始终指向出球方向，整个过程手腕保持放松。注意球的第一落点不要超过中线（图4-2-80）。

易犯错误：双脚平行站立，抛球时没有转体，造成出球不顺畅；整个过程肩、肘、手腕没有协调配合，动作僵硬，造成出球落点过于靠近自己；重心下沉，出球高度过低。

图4-2-80　手抛长距离反弹球

（5）示范练习

练习一

①目的

提高守门员手抛球能力，熟练掌握各种抛球方法。

②组织

两名守门员相距10 m左右进行手抛球练习。

③方法

守门员互相之间依次进行各种手抛球练习或同时将球抛向对方。重点练习长距离地滚球和长距离反弹球。

④要点

守门员必须保持专注度，认真体验不同抛球方法的区别并加强练习。始终注意先转肩、再挥臂、最后手腕控制出球方向。

⑤应用

如果守门员已经熟练掌握抛球方法，可以采用从基本姿势开始进行扑救球，然后站起来进行抛球，随后再恢复基本姿势，如此反复练习；可以采用固定球落点的方法进行练习，使用正确的方法将球抛向制定地点。

练习二

①目的

提高守门员移动能力和抛球能力。

②组织

守门员在守门员区域保持基本姿势，两名球员持球距离守门员区域5m左右相对而站。球门顶端多放置些球。

③方法

其中一名球员首先进行一些守门员比较容易接住球的射门；守门员保持基本姿势接住球后迅速站立将球跑向另一名球员。第二名球员选择难度大、力量足、速度快的射门，迫使守门员竭尽全力进行扑救，扑救结束，守门员继续将球抛向另一名球员。如此循环反复练习。

④要点

如守门员接球、抛球顺利，则尽量使用一个球。如果球出界或球员和守门员都没能接住球，则使用球门顶上的球继续进行练习。守门员必须使用正确的移动方法和抛球方法。守门员必须时刻保持警惕、积极的训练状态。

⑤应用

守门员将球抛给球员，球员得球后先运球再进行射门；

守门员进行扑救后，将球抛向移动中的球员，球员得球后进行射门；守门员根据球员跑动的速度决定抛球的力量。

7.接球练习

接球是守门员技术当中相当重要的一点，也是运用中最为常见的技术。守门员只有稳妥地接住球，才能发动主动性进攻或防御，由于旱地冰球体积小、运行速度快，在对方进行大力射门时，通常都无法直接抓住球，因此接球就包括两个方面的含义：一是指牢牢地抓住球，将球控制在自己手上；二是指先阻挡住球，待球落地后再将球抓在手上。

接球的特点：动作较为简单，比较容易掌握，运用的范围也较为广泛，稳定性要求高。

动作要领：守门员保持基本姿势，五指张开，掌心朝前，面对来球方向，如球速较慢，则可以主动伸手张开五指直接将球牢牢抓住；如球速很快，则保持五指张开，掌心向前的姿势阻挡球的飞行方向，待球落后，迅速将球牢牢控制。

易犯错误：握球不牢，容易丢失控球权。阻挡球时手型不对，造成漏球。

练习一

①目的

提高手接球的能力，提高手、眼配合的协调性。

②组织

三名守门员各相距1 m左右围成一圈，每人一个球；两名守门员面对面相距2 m左右，每人一球。

③方法

守门员相互之间同时进行单手抛球和接球，三人之间按照统一的顺序。中间的守门员进行左、右手交替接球。守门员根据不同类型的来球及距离进行抛、接球。根据熟练程度，开始阶段速度较慢，随后逐渐加快速度，增加接球的难度。

④要点

保证相互之间抛球和接球的持续性，强调抛球和接球的准确时机。

练习二

①目的

提高守门员移动中接球的能力。

②组织

两名守门员相距数米，使用一个球。

③方法

面对面进行侧向移动，同时互相进行抛接球；肩对肩同一方向前行，进行空中球或反弹球的抛、接；抛球后转体360°，准备接球，可以使用双手。

④要点

缩短抛、接球之间的间隔时间，提高接球稳定性。练习过程中，守门员注意力必须保持高度集中，确保减少失误率。注意在移动过程中，使用双手、双脚保持身体的平衡。

练习三

①目的

提高守门员在比赛中积极主动控制球的能力。

②组织

守门员保持基本姿势位于球门前。两名球员位于守门员区域，事先安排好进攻和防守职责。教练员位于中场附近准备发球。可以分两组在各自半场同时进行。

③方法

教练员中场位置开始将球传向守门员区域，两名球员进行争球。控球队员进行射门，而防守队员尽力阻止其射门。

守门员保持高度警惕并积极努力获得控球权，但仍需时刻进行扑救准备。守门员获得空中球或成功扑救或球出边界，则重新发球进行相同练习。

④要点

需要技术水平较高的球员来进行攻防演练；守门员要积极抢球，争取获得控球权，不可原地不动；守门员必须随时做好扑救准备，不得失位；练习过程中，守门员可以站立；进攻球员尽量掩饰射门意图，防止守门员事先做出预判；防守队员尽力阻止进攻队员的射门，并将其逼向边线，使其远离射门区域。

8. 守门员个人战术练习

守门员在比赛中是否全身心投入，在很大程度上决定了比赛的胜负，其球场上的表现可以用积极或消极、主动或被动来评价。积极而主动的守门员不仅会很好地完成保卫球门的任务，而且还能积极参与球队的进攻、鼓舞队友的士气、威慑对手的进攻；积极的守门员在球被阻挡落地后会迅速反应进行二次扑救、主动封锁对方射门路线、指挥本队球员、封堵对方球员。而消极被动的守门员就像一座活的雕塑，当对方射门时，仅仅通过本能的反应来阻挡来球。

守门员必须和场上其他球员一样，具备一定的战术素养。如何在对方进行二打一的时候正确站位？如何与本方后卫沟通？在对方多对一等更为复杂的情况下，如何选择正确的移动？如何进行更快速有效的二次扑救？这些都是守门员需要掌握的战术技能。守门员的职责不仅仅是把守球门，更重要的还要对场上形势做出正确的预判，防患于未然，将对方的射门机会扼杀在萌芽之中。比赛中守门员具体做好以下几点：

（1）尽可能的增加防守面积和空间。一般而言，守门员在守门员区域外线上正面面对来球时防守的空间为最大，跪在球门线上防守的空间为最小。球门线以内的位置将极大地增加进球的可能性。

（2）寻找固定自身位置的参照物。当守门员全神贯注地观察球场上比赛状况并保持不断的移动时，较难明确自身在守门员区域的具体位置。此时，需要通过在球场上寻找固定的参照物，例如挡板或周围建筑物等来更好地帮助自己准确定位。

当比赛中出现以下几种情况时，守门员通常应该采取相应的措施来应对。

球位于球门后面时。守门员常用措施为：

①封锁从球门往中区的传球路线。

②对中区游弋的对方球员保持高度警惕。

③如果球从底线传出，对方球员得球后进行射门，则面向来球尽可能的增加防守面积。

④必要时，使用双脚封锁传球路线。

⑤面对底线，不可转身面对中场，如果底线球已传递至中区，守门员可以进行上抢。

⑥紧贴球门柱。

射门为高球时：

①主动积极的抓球。

②保持站立姿势。

视线被阻挡，无法判断对方球员射门动作时：

①视线紧跟球的移动。

②尽可能扩大自身的防守面积和空间。

③主动积极的上抢球。

在本方半场，对手运球形成一对一进攻局面时：

①朝运球队员方向移动。

②对持球队员保持高度警惕，时刻准备进行扑救球。

在本方半场，对手控球形成二对一进攻局面：

①与本方防守队员进行交流，掌控射门和传球队员的动向。

②保持长时间的扑救球准备动作，靠近球门线站位，如果对方进行直接斜传接射门，可以最快速度进行扑救。

③跟随球的移动保持左、右两侧大幅度的移动。

在本方半场，对手控球形成三对二进攻局面：

①保持与本方防守队员的密切交流。

②阅读比赛场上具体情况。

③视线跟随球移动的同时，保持对其他位置球员的高度警惕。

④如果对方进行长传转移，做好随时大范围移动的准备。

在本方半场，对方球员控球并展开快攻，队员之间不运球、不停球、直接通过传、接球形成射门：

①保持与本方防守队员的沟通。

②如果对方进行大范围斜传转移，做好左、右两侧大范围移动的准备。

③重点关注最后进行射门的球员动向。

练习一

①目的

提高守门员封锁对方球员传球路线的能力。

②组织

1号球员持球位于球场底角；2号球员位于中场离球门7m左右距离；3号球员如图4-2-81位于靠近球门的位置，与1号相对。

④方法

1号球员持球进行传球，即可传给2号，也可传给3号。

守门员无法事先进行判断，只能根据传球来选择移动位置。1号球员传球给3号位，3号位进行射门，守门员尽力封锁1号位传球路线。或者1号球员传球给2号位，2号位再传给3号位，3号位球员进行射门，守门员尽力封锁2号位到3号位的传球路线。一次进攻结束后，三名球员相互之间进行换位（图4-2-81）。

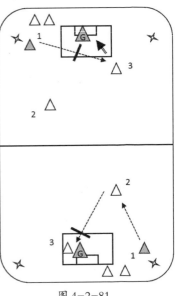

图 4-2-81

④要点

守门员必须跟随球的传球路线而移动；守门员尽可能封锁住球员之间的传球路线；守门员注意力必须高度集中，根据场上具体变化采取相应的措施；球员之间的传球必须速度快、力量大且准确度高。

练习二

①目的

针对比赛中的具体情况提高守门员处理球的能力。

②组织

球员分成三组，每组球员分别位于半场两边底角和中线靠近挡板处。1号位球员防守，2号位和3号位球员进攻。1号位球员持球。

②方法

1号位球员进行传球，传给2号位或3号位，然后进行防守。2号位和3号位球员得球后，进行2对1配合进攻，并寻找合适机会进行射门。射门结束后，1号位球员移至2号位，

2号位球员移至3号位，3号位球员移至1号位，如此循环反复进行多次练习（图4-2-82）。

④要点

进攻球员得球后充分利用各自的想象力和创造力并结合技术展开进攻和射门；守门员全力以赴根据场上具体情况，运用各种守门技术进行防守。守门员必须同时关注球和队员的移动，尽可能封锁进攻队员传球路线，指挥防守队员共同进行防守。练习中充分利用球

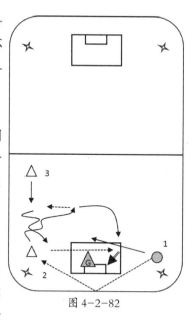

图4-2-82

场的宽度，进行球的转移，拉开防守，创造射门机会。可以两个半场同时进行练习。

练习三

①目的

针对比赛中具体情况提高守门员处理球的能力；发展守门员阅读比赛的能力。

②组织

球员3~5人一组进行分组，每两组各使用半片场地。

③方法

进行半场3对3练习；每min进行轮换。

特殊规定：

必须接球后直接射门，不得运球后射门；守门员必须跟随无球跑动队员而移动，随时准备进行扑救；射门时必须是空中球或反弹球，不得进行地滚球射门；如果可以从球门后面发

动进攻并取得进球，尽量从球门后面开始展开进攻，同时守门员紧盯球门后面的情况，对手则站立在球的正面区域。

④要点

为了使得练习的效果最大化，所有人都必须遵守特殊规定；人数较少的情况下，充分发挥能动性和积极性，充分调动守门员，增强练习的强度和密度。

第五章

旱地冰球战术理论与原则

第五章
旱地冰球战术理论与原则

第一节
旱地冰球比赛的时间和空间特征

一、争夺攻防时空主动权

旱地冰球比赛的时空观通过全队和球员个人采用一系列无球或有球活动来赢得攻防时间和空间的优势来体现，并且通过这些活动来实现对球的控制。

比赛中为了实现对球的控制，必须在时间和空间上对特定的对手、特定的区域、比赛速度实行全方位的控制。旱地冰球比赛的特殊性体现在可利用的空间非常有限，因此在比赛中创造进攻的空间也非常困难，进攻的时间也很短暂，防守的主动性和攻击性越来越强，对攻防时间和空间的限制与反限制，使比赛的对抗程度越来越激烈。

二、转换比赛节奏，掌握攻防时空优势

现代旱地冰球比赛攻防转换的快速是赢得时间和空间优势的最关键因素。快速完成各种攻防、战术动作是保证强大攻击力和稳固防守的基本保证。旱地冰球比赛快速攻防的主要特征是转换比赛攻防节奏瞬间发挥的高速度。

所谓比赛节奏是在一个特定的时间和空间内，通过球员的无球和有球活动，将宽度与纵深、快慢、单向与诸多因素

按一定规律组合。现代旱地冰球比赛已将单一节奏逐步向复合节奏方向发展，这种在没有事先准备、未知的方向和地点实现对比赛的快速控制，是现代旱地冰球比赛中赢得攻防时间和空间技巧上最典型的体现和最高追求。

三、创造和利用比赛的时间和空间

旱地冰球场地较小、球速较快，使得所有队员可以不受固定位置的束缚参与进攻和防守，从而使全队的整体力量和每个队员自身的特点有机地结合起来，其特点主要为：

（1）保持严密的整体攻防队形：旱地冰球比赛中，所有队员相互之间必须保持三角形站位，在高速的攻防转换中，前、中、后三线形成严密的整理，在局部区域内以多打少、以多防少，最大限度的战局、有效的攻防时间和空间，从而实现对攻防时间与空间的有效控制。

（2）高度机动地调配攻守力量：在旱地冰球竞赛中，队员不仅要很好的完成自身位置的要求，还要能胜任其他位置的职责，并完成攻防双重职责，从而充分扩大在球场的活跃度。各位置队员之间的这种不间断而频繁的换位互动，使得旱地冰球比赛发展为一种力量配备高度机动灵活、动态攻守力量平衡的快节奏运动。

（3）良好的体能储备是比赛的基础："全面型"旱地冰球全攻全守战术打法使旱地冰球比赛呈现出"强对抗、高速度、快节奏"的鲜明特点。队员在比赛中承受这极大的运动负荷，冲刺、往返跑、变速跑、变向跑等，所有这些都是在对抗中完成的。由此可见，旱地冰球比赛对运动员的体能要求是相当高的，没有良好的体能保证，就无法在全场比赛中始终保持攻防时间与空间争夺的优势。

（4）良好的心理素质是比赛的保证：旱地冰球比赛状况

变幻莫测、错综复杂，就要求运动员具有良好的战术想像力和高度的注意力，能够根据场上的变化，及时做出判断并采取相应的应对措施。同时，运动员还要面对比赛中来自裁判和对方球员的干扰，以及不利于本队的场外干扰，这也需要球员保持稳定、积极和适宜的比赛心态，以保证临场技术、战术水平的正常发挥。因此，良好的心理素质是旱地冰球运动员保持和发挥竞技水平的重要保证。

第二节
旱地冰球比赛的攻防战术原则

一、进攻战术原则

任何球队都有自己的进攻战术，但万变不离其宗，所有的进攻战术都得遵循共同的进攻原则即利用球场的宽度、纵深，采取逐渐渗透、随机应变等策略策划进攻。

（1）宽度

在确保本队控制权的前提下，充分利用球场的宽度，通过有意识地向场地两侧跑动散开或不停地交叉换位将防守者向两边拉开，使防守方被迫移动防守重心，扩大防守面积，松散其防线的左右联系，为实施纵向的渗透突破增加进攻的时间和空间创造条件。

（2）纵深

突破对方的防线，向对方球门区快速推进，迅速地攻击对方球门时进攻的主要方向和目的。因此，旱地冰球比赛由守转攻的瞬间首先应迅速创造和利用有效的进攻纵深，以最快的推进速度兵临对方球门，形成攻门之势。

（3）渗透

在拉开对手防区的基础上，进攻队员必须通过传球、运球等技术、战术手段渗透突破对方防线。前锋队员要频繁的跑位，带动防守队员移动，一旦出现空档，要迅速的传球切入，加快进攻的速度，使对方措手不及，达到利用空档进攻的战术目的。相邻位置的进攻队员在扯动、传球、切入等方面的默契配合是有效进行传切渗透的关键。

（4）应变

旱地冰球比赛场上的情况千变万化，没有某种固定的比赛模式或套路，更没有绝对一样的比赛情景能够反复出现。这就要求运动员在比赛中必须善于审时度势，根据不同的比赛情况灵活机动的运用各种技术和战术，以达到预期的比赛目的。

二、防守战术原则

在旱地冰球比赛中，本队一旦失去控球权即意味着防守的开始。成功的防守是确保本方球门不失的重要保证，也是积极进攻的必要前提。防守的战术原则主要有"延缓、平衡、收缩、控制"等。

（1）延缓

最大限度的延缓对方进攻的推进速度是快速构筑本方球队有效防守体系的先决条件。因此，当失去控球权后的由攻转守瞬间，有球区域的防守队员必须首先就地、就近进行阻截，尽可能的封锁对方向前传球或带球推进的路线，迫使对手横传球或回传球，以减缓对方进攻速度，从而为本方其他防守队员迅速的回防创造足够的时间。阻止对方发动快速反击时贯彻这一原则的核心。

（2）平衡

在延缓对手进攻推进速度的同时，其他防守队员必须快速回防到位，尽快抢占对手于本方球门之间的防守要害区域及防守位置，力求防守人数与对方进攻人数的对等均衡，甚至超过对方进攻的人数，以确保本队形成完全稳固的有利防守局面。强烈的、整体的由攻转守的角色意识和快速回防时的奔跑能力是有效运用这一原则的必然要求。

（3）收缩

在回撤布防及形成正面防守的过程中，防守队员在横向与纵向之间合理的相互靠拢和收缩，是缩小防区、集中兵力、有效地控制门前要害区域的必须，也是防守力量对等平衡原则的有效运用。防守收缩的一般原则是：整体防线向球场的中轴线和本方门前的方向呈"漏斗型"收缩靠拢；向有球区域一侧收缩靠拢，并形成纵横交错、相互保护和补位的紧密防守队形，压迫所有可能威胁本方球门的空间。

（4）控制

对进入本方半场区域的有球进攻队员和插上的进攻队员必须严密控制、紧盯逼牢，不给对方任何突破和射门的机会，并避免不必要的犯规。随着对手向本方球门的逐渐接近，必须尽快收缩门前防区，形成人数上的优势和有组织的密集防守。防守的重点应是罚球区的中路要塞地带和对手有可能射门的区域。对进入这些区域的有球进攻队员实施贴身紧逼防守，最大限度的限制其行动自由，从而对进攻队员、球、空间进行有效的控制。

第三节 个人攻防战术行为准则

一、个人进攻战术行为准则

（1）本方得球后立即开展进攻。

（2）传球后积极跑动，不可待在原地不动。

（3）在对方半场的有效射门区域内且具有射门机会

时，持球队员应首先选择射门，射门后要及时跟进，以便进行补射。

（4）接球时，永远主动上前迎球，不可以原地等球。

（5）在任何时候、任何地点，有同伴比自己位置更好、更能获得向前或射门机会时，要及时、坚决的进行传球。

（6）合理进行运球和控球。

（7）停球或争夺控球权时，应永远力争在空中或球的第一落点处理或控制好球。尤其在本方半场更应如此，以免来球被对手乘机截获而射门得分。

（8）在本方守门员区域附近的持球队员，在无同伴接应或接应不力的情况下，果断进行运球突破，或保持球权等待更有利进攻时机。

（9）在本方守门员区域附近尽量避免回传或横传球。

（10）在面临可控球、可运球、可传球的情况下，永远选择传球。

二、个人防守战术行为准则

（1）失球后立即参与防守。一旦本方失球，全队无论哪个位置，也无论此时处于哪一区域的队员都应该迅速地通过各种方式进行防守，且应力争将对手向边路或外线挤压。

（2）选择正确的防守位置。一般的选位原则是防中放外，即防守本方中路，放弃本方边路。

（3）个人防守的一般步骤是：抢断→紧逼→面对→转身追抢或破坏。

（4）对控球或即将控球的进攻队员要紧逼和贴身控制。

（5）对已经控球转身面对自己的进攻队员，要尽量避免轻易出脚抢断以防被突破，应将其逼入不利于进攻的局面，伺机抢断或破坏。

（6）球近人近，球远人疏，人球兼顾。

（7）经常是自己面向球进行正面防守，以便随时观察到球的活动情况。

（8）防守时，尽量不让球越过自己，避免经常性的转身回追防守。

（9）坚决避免不必要的犯规，特别是在本方半场或靠近球门区域。

第六章

旱地冰球战术教学与训练

第六章
旱地冰球战术教学与训练

第一节
旱地冰球战术教学与训练的基本顺序

旱地冰球战术教学和训练除须遵循旱地冰球技术教学的原则以外，从总体上须把握从个人到局部、从局部到整体、从非对抗到对抗的循序渐进原则，通常的顺序如下：

一、讲解和示范

进行全队战术教学和训练前先简明扼要地讲解战术意图、具体方法和要求，使用"战术板"进行战术演示，使队员形成初步的战术表象，然后再以较慢的速度进行实际路线的示范，加深队员的直观印象，并同时配以简要说明，最后再组织队员进行实际演练。如遇队员无法理解的地方，随时可以暂停进行进一步的解释直至所有队员完全理解战术演练的意图、方法，最终达到预期的效果。

二、无球或进行手球状态下的战术配合练习

开始阶段可以进行无球状况下的战术练习，使队员熟悉战术配合的基本跑动或传球路线，随后进行手抛球、传球战术配合，降低练习的难度。这种练习一般在队员技术较差、战术素养较低或战术和跑动路线较复杂的情况下使用。

三、无对抗战术配合练习

无对抗战术配合是指在练习中不设攻防对手，不设限制性障碍物，纯粹完成战术路线、战术意图的练习。此种练习通常强调提高练习的速度，传、接球的准确度以及完成正确的跑动路线等。这种练习有利于球员更好地区发挥自身的技战术水平，提高战术意图的理解度。

四、对抗性战术配合练习

对抗性战术配合在练习中增加了干扰因素，提高了球员在执行球队战术时的应变能力。对抗的强度由小到大，先进行弱对抗性练习，再进行强对抗性练习。对抗的难度也由易到难，对抗的区域也由局部到全场。从而进一步提高球员在对抗中发挥出相当竞技水平、贯彻实施战术的能力。

五、竞技状态下战术配合练习

一堂教学或训练课的结束部分可安排一定时间量的教学比赛，教学比赛是保证球员在竞技状态下发挥和提高战术能力的重要途径。可进行3对3、4对4、5对5等多种形式的比赛，比赛中的战术安排也应该由易到难，先完成个人战术要求，随后完成局部战术要求，最后过渡到相互之间熟练配合，完成球队的整体战术意图。

六、单一战术配合和多种战术配合练习同步

所谓单一战术配合是指一堂教学或训练课以专门一种战术配合为主，比如二过一进攻战术配合练习，多对一进攻战术配合练习或局部区域防守战术配合练习等。单一战术配合练习具有一定的针对性。而多种战术配合练习则柔和了进攻、防守等多种形式，通过多种战术同步配合提高球员的综

合攻防能力，也有利于球员在练习中加深对战术内涵的认识和理解，克服各种战术困难，进一步熟练掌握和运用旱地冰球战术。

第二节
旱地冰球战术教学与训练的主要内容

一、个人进攻战术

个人进攻战术是指在比赛中为了获胜而采取的符合整体进攻目标的个人行动。个人进攻战术是构成局部和整体进攻战术的必要环节，其实践水平的高低直接影响着局部和整体进攻战术的质量。个人进攻战术包括传球、运球突破、跑位和射门等。

（一）传球

球员在实践战术意图时主要依靠相互之间的穿插跑位，当球员到达预定位置需要进行下一步行动时，则需要通过控球来实现，控球可以通过个人运球突破也可通过队友传球支援。在实际操作过程中，大部分控球是通过传球来实现的，因此传球是比赛中运用最多，也是最重要的技、战术手段。传球水平的高低直接决定了球员水平以及整支球队的水平高低，传球成功率往往决定了旱地冰球比赛中的胜负。在进行个人进攻战术的教学与训练时应该注意以下几点：

（1）注意培养球员良好的传球意识

在教学或训练前重点强调养成抬头观察的习惯，扩大自己的视野范围，用余光看着球并控制好球。传球时必须目视传球方向，清楚地认识到使用何种传球方法才能最好、最快、最稳的将球传给队友。

（2）注意隐藏自己的传球意图

过早的在防守队员面前暴露自己的传球意图往往是造成传球被抢断、阻挡，从而引起传球失误的主要原因。因此练习中要特别注意隐藏自己的传球意图，在比赛中多使用不停球直接传球、变向传球、打板传球以及假动作传球等多种方法的综合运用来突破防守队员的防线将球顺利传给队友，完成控球权的转移。

（3）注意提高球员把握传球时机的能力

球员战术素养的高度往往通过对传球时机的精准把握来体现。合理而又技巧的传球应该在时间上和空间上有利于同伴接球、摆脱或及时处理球，并造成对方防守失位，防守队员处于即无法截住来球又无法对接球的进攻队员形成干扰的尴尬地位。

（4）着重训练球员传球的准确性

比赛中过多的传球失误不仅极大地影响本方球员的积极性，也给防守队员提供了断球后发动快攻的机会，使本方处于极为被动的局面。加强传球准确性的训练，重点要从熟练程度、握杆方法、出球方向、出球力量、距离和落点等几方面出发，安排有针对性的练习，提高传球的准确度。

（二）运球突破

个人技术水平高超的球员往往在关键时刻利用自身的突破能力，出其不意撕开对方的防线，从而形成进一步传球或射门的机会。在对球员进行运球突破教学或训练中，要注意以下几点：

（1）着重强调控球队员在没有机会进行传球、射门时，可运球突破防守队员，依靠个人技术创造传球或射门的机会。

（2）培养球员在对方防守队员只剩一人或防守队员过

于平行站位时，可大胆进行运球突破，寻求射门机会的个人意识。

（3）培养球员在防守队员贴身紧逼、失去传球和射门角度和机会时，果断运用突破口摆脱其逼抢，寻找更好进攻机会的能力。

（4）培养球员在进行运球突破时控制好、保护好球，掌握好突破的时机，选择正确的突破方向。要求球员在运球逼近、调动、超过、摆脱对手等技术环节上紧密衔接，一气呵成。

（5）要求球员在突破对方防守队员或者防线时，应及时的进行传球或射门，保持与同伴的相互呼应。

（6）在教学或训练时特别要注意提醒球员在本方后场区域尽可能的避免使用运气突破的个人战术，以免贻误战机甚至被对方抢断造成局面失控。

（三）穿插跑位

跑位是指比赛中，球员在无球状态下通过有意识的穿插跑位，为自己或同伴创造进攻机会的行动。跑位是行之有效的战术训练手段，是进行整体进攻的必要条件，也是拉开对方防线，打开防守缺口从而完成致命射门的重要手段。在平时教学和训练中可进行无球跑位战术演练和有球跑位战术演练。在旱地冰球教学与训练中要着重培养球员以下几点：

（1）培养球员敏锐的观察能力

在教学训练中，强调球员在进行无球跑位时着重观察本方控球队员所处的位置、控球情况、对方防守状况，再结合本方无球队员的位置和对方的防守情况，据此迅速做出合理的跑位决定。

（2）培养球员对合理跑位目的的理解能力

在比赛中进行合理跑位的目的是为了给自己或队友创造合适的接球、运球的时间和空间。合理的跑位需要多名球员的相互配合，只有具备高度战术素养、相互之间配合默契的球员协同配合才能取得最佳的效果。教学和训练中着重培养队员的摆脱、接应、拉开、插上、包抄、切入、扯动和牵制等方面的能力。

（3）培养球员掌握跑位合理时机的能力

跑位时机的重要性毋庸置疑，跑位早了或跑位晚了都无法达成既定的战术目的。在教学和训练中利用与传球队员的眼神交流，主动跑位引导传球的方向和时机；提高控球队员控球后用眼神、声音、手势与跑位队员交流，以传球引导球员跑位能力；训练球员根据赛前教练安排的战术选择跑位时机的能力。

（4）丰富跑位行动多样化

训练球员传球后立即进行跑位形成连绵不断、前后一致的进攻配合。而且在跑位时尽量争取向前跑位，只有向前跑位，插入对方防守空档才能更高效突破对方防线，获得射门机会。在跑位之前要善于隐藏自己真实的跑位意图，利用各种假动作摆脱对手的防守。在体能充沛的前提下，不停的跑动，而且做到一动全动，协同跑动形成纵横交错、相互衔接、队形合理的进攻状态。

（四）射门

射门是全队技战术发挥的最终体现，也是得分的唯一途径。比赛中球员除了要具备强烈的射门意识、高超的射门技巧还要善于抓住射门时机，并且选择合理的射门方式。在教学与训练中着重培养以下几个方面：

（1）培养强烈的射门意识和欲望。一旦在训练中球员通过相互之间的传、接球，穿插跑位，创造出射门机会，必须毫不犹豫的选择射门，在有效的射门范围内且有射门的时间和空间而不进行射门是对进攻机会的一种极大浪费，特别是在旱地冰球比赛射门机会颇多的情况下。因此，培养球员强烈的进攻意识和射门欲望，利用一切射门机会进行射门是射门战术训练的首要任务。

（2）提高球员射门的力量、速度及准确度。射门时如果没有一定的力量和速度，球很容易被守门员甚至是防守队员所破坏，而在力量和速度的基础上必须强调射门的准确度，准确度是破门得分的关键因素。

（3）培养球员进行选择性射门的能力。球员突破对方最后防线获得射门机会时切忌盲目地进行射门，而应该事先观察守门员的位置，选择好射门的角度，而后选择正确的射门方法进行最后一击，提高射门得分的成功率。

二、个人防守战术

在旱地冰球比赛中，进行个人防守时，首先最重要的是保持正确的身体姿势，重心下降，双膝微屈，双手持杆干扰对手的运球，封锁对手的射门路线。要具备快速转向移动的能力，在一对一防守下，不管是对有球队员还是无球队员，要具备较大的力量，在比赛中严格遵守赛前制定的战术计划，做好队友之间的相互协防。

（一）防守选位与盯人

防守选位是指防守队员在进行防守时，根据球场上的具体情况选择合适的防守位置。盯人是指防守队员有针对性的对进攻方队员实施监控或贴身紧逼的行为。在教学训练中须加强以下几个要素的训练：

（1）进行防守选位时要先于进攻队员占据有利位置，以处于本方球门和进攻队员之间且成一条直线为最佳。

（2）防守时与队友保持三角形站位，在选位时以盯人为主，根据不同的任务对进攻队员实施全场紧逼盯人或松动盯人，同时兼顾球和其他相关空间情况的变化。

（二）断球

断球战术是指球员个人或协同其他队员将对方的传球从中途截下或破坏的战术行为，断球是化被动为主动，由防守转进攻的有效战术行动。在教学和训练中应着重注意以下两点：

（1）对持球队员的传球路线进行正确的判断，预测其传球的时间和路线，同时隐蔽自己的断球意图，不对持球队员进行紧逼，防止对方传切自己身后空档。

（2）在对方传出球的瞬间，先于接球队员快速上前切断传球路线，将球截断下来。如果自身是本方防线的最后一人或以少防多时，上前断球时要慎重，因为一旦断球不成功，将造成相当被动的局面。一旦成功截断进攻队员的传球，应抓住时机，迅速发动快速进攻。

（三）抢球

抢球是指防守队员通过规则允许的行动使用球杆将对方控制的球抢夺过来或破坏掉的行为。在教学和训练中应着重注意以下两点。

（1）保持正确的站位及进攻队员之间合理的距离。基本站位同断球时一致，并与对手保持合适的距离。抢球时，不受对方假动作的迷惑，且忌盲目出杆抢球或重心移动过早，以免对方突破。

（2）抢球时要掌握正确的出杆时机。通常在对手还没完全控制住球时，采用快速、勇猛并卡位的方法迅速伸出球杆将球抢下或破坏。一旦成功抢到球并获得控制权，就要迅速发动快速进攻；如果抢球失败，则需及时调整身位投入下一次防守当中。

三、局部进攻战术

局部进攻战术是指在比赛中进攻方两人或多人相互之间进行配合形成进攻局面的战术方法，局部进攻战术是全队进攻战术的基础，具体形式有以下几种：

（一）传切配合

传切配合是指持球队员将球传给切入的进攻队员的配合方法，是局部进攻战术中最常用的方法之一。传切配合的形式有小范围的传切配合和长传转移的传切配合。

（1）小范围传切配合：小范围传切配合主要分为直传斜插和斜传直插两种。（图6-2-1）

（2）长传转移传切配合：当进攻端在球场一侧受阻

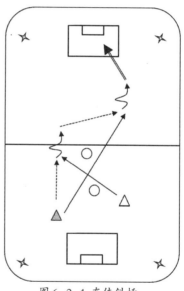

图 6-2-1 直传斜插

时，可选择长传转移，将球转移至另一端，切入队员得球后展开进攻。

要点：

（1）持球队员在进行传球时，须准确把握传球的时机、传球的力量以及传球的方向。

（2）进行穿插跑位接应的球员须掌握插入的方位、插入的时机并快速启动进行跑位接应。

（二）交叉掩护配合

交叉掩护配合是指在比赛中两名球员在局部进行运球交叉换位时，利用身体掩护同伴运球突破防守队员的配合方法。

要点：

（1）运球队员必须利用自己的身体护住球，并阻挡防守队员的视线，将球传给同伴，传球后必须继续向前跑动。

（2）接球队员必须主动迎面跑向同伴，交叉距离贴近，利用同伴的掩护进行接球，接球后快速向前运球。

（三）二过一配合

二过一配合是指在比赛中两名球员在局部范围通过相互之间的连续传、接球配合，摆脱一名防守队员的配合方法。根据传球和跑位的路线二过一配合的形式有：直传斜插二过一、斜传直插二过一、斜传斜插二过一和回传反插二过一。

（1）当防守队员身后有较大空档，防守队员距离接应进攻队员传球准备插入的球员较近时，通常使用斜传直插的配合方法进行传球。

（2）当防守队员身后有较大空档或防守队员向持球队员位置移动时，通常使用直传斜插。

（3）当防守队员身后空档较小时或采用连续二过一时，通常采用斜传插的配合方法进行传球。

（4）当接应队员与控球队员之间有一定的纵深距离，而且防守队员贴身紧逼时，通常先主动向后扯动，拉出空档，采用回传反切二过一配合。

要点：

（1）一般以短距离传球为主，传球的力量要恰当，传球时，队员不应原地等球，而应该在跑动中调整位置，直接传球以达到最好的效果。

（2）持球队员应该先运球佯装突破，将防守队员吸引过来，主动创造二过一配合的机会。

（3）回传反切配合要考虑纵深距离，队员尽量不要在同一纵轴线上，避免不必要的麻烦。

四、局部防守战术

局部防守战术是指两个或两个以上防守队员之间相互配合布置防线并进行防守战术。其基本的战术配合形式主要有保护、补位和围抢三种。

（一）保护

防守战术中的保护是指通过对防守上抢的本方队友行动上和心理上的支持，使其全力以赴完成防守任务的战术。如果同伴的防线被突破，保护球员可以及时进行补防，封锁进攻路线或夺回球的控制权，如果同伴逼抢控球权，则可以协助队员迅速展开进攻。进行保护的球员应该做到以下几点：

（1）和持球队员保持一定的距离。负责保护的球员与进行上抢的球员之间应该保持合适的距离，且这种距离是动态变化的，根据不同情况进行实时调整。

（2）负责保护的球员要进行合理的选位，如果同伴的防守已经将对手逼近靠近挡板位置，则应该选择靠中场附近位置；如果同伴的防守在中路，则应该选择偏两侧以期与队友形成夹击之势。

（3）进行保护的队友还可使用言语、肢体语言等指挥同伴进行卡位抢断或截断，同时告知队友自己正在进行保护，使彼此之间的配合更加协调、有效。

（二）补位

补位是指防守队员在同伴失去对进攻队员位置的控制而

无法阻止其进攻时，对所出现的防守漏洞进行有效修复的战术。在旱地冰球比赛中，通过球员之间的相互补位，可以有效地弥补防守的不足并遏制和破坏对方的进攻。在实践中，通常使用的补位形式有以下几种：

（1）当防守队员前插协助进攻且无法及时归位时，附近的队友应该暂时弥补其留下的空位，防止对方利用这一空档进行快速反击。

（2）当防守队员被进攻队员突破时，进行防守协同保护的队友要及时补位防守，并试图重新夺回控球权或阻挡进攻的路线。而被突破的球员应立即后撤选择合适的位置迅速转化为保护球员对上前进行补位的同伴进行保护。

重点：

（1）需要补位时，以彼此之间距离最近的两名队友之间进行互相补位为最佳，以避免影响更多的防守队员，从而造成球队整条防线混乱。

（2）防守球员在被突破或失位后，如能快速追赶上对手，则一般不进行交换防守和补位，特别注意在靠近守门员区域尽量避免出现防守失位或明显空档。

（三）抢逼围

抢逼围是指两名以上的防守球员从多个位置和角度同时对进攻球员进行夹击，试图夺取控球权或将球破坏掉的战术配合。进行抢逼围战术一般在被围抢球员还未完全控制好球、没有更好的传球路线，其附近又没有接应球员时使用。此时，进行抢逼围的防守队员占有较大的人数优势，一般也比较容易获得成功。

选择抢逼围战术应尽量保证成功率，在进行逼抢时要贴身紧逼，但不可犯规，以下造成不必要的后果。

五、整体进攻战术

整体进攻战术是指为了实现赛前制定的比赛目的，完成既定的战术目标而采用的全队整体性的配合方法。一般而言，一次完整的整体进攻由发动阶段、推进阶段和射门结束进攻阶段三个部分组成。球员通过控制球权进行传球，开始发动进攻。全队球员通过跑位、接应、相互传接球向对方半场推进展开战术攻击。最后通过运球突破或传切配合获得射门机会并进行射门来完成进攻。根据进攻的区域，整体进攻战术可以划分为边路和底线进攻、中路进攻、转移拉扯进攻；根据进攻的速度可以划分为快速反击进攻、层层推进以及破密集防守进攻等。

（一）边路和底线进攻

边路进攻是指全队进攻推进到对方半场时，以靠近守门员区域两侧边路及球门后面空档区域为活动范围展开各种进攻配合并最终形成射门的战术方法。

（1）边路和底线进攻的主要方式有：运球突破、二过一配合突破、交叉换位突破，底线运球突破、插上套边配合等。

（2）边路进攻的主要目的还是为了拉开对方的防守面，削落对手的中路防守，最终创造中路破门得分的机会，因此，最终还是通过传中来实现最终的射门。边路和底线传中的主要方式有：外围直接传中、边路传中、突破至球门后面区域再回传中部、下底回传以及两肋前插传切配合等。

（二）中路进攻

中路进攻是指全队进攻推进到对方半场时，以中间区域为主要进攻战场展开各种传切配合并最终形成射门的战术方法。中路进攻具备更大的威胁性，但是由于中路一般防守队员也较为密集，所以难度也较大。通常情况下进攻的战术有以下几种：

（1）球员利用个人技术突破防守后射门，或在运球中实施中、远距离的射门。

（2）在中路利用二过一配合或传切配合突破防守并射门。

（3）中锋与前卫或边锋利用斜向运球交叉换位，掩护同伴突破防守并射门。

（4）前锋回撤将对方防守位置前移在反切接球突破并射门。

（三）转移拉扯进攻

转移拉扯进攻是指通过传、接球将进攻区域由一个地方转移至另一地方的战术方法。通常是边路转移至另一边路，或由中路转移至边路组织进攻，或边路进攻受阻转移至中路进行。转移拉扯进攻主要是充分利用场地的宽度，及时转移进攻方向，充分调动对方防线，使对方防线在移动中出现空档，从而创造新的攻击点。

当防守队员人数明显超过进攻队员，且防守能力较强，基本没有突破传接球的机会时，可利用转移来拉开防线。

要点：

（1）球员的视野要开阔，场上应变分析能力要强，及时掌握转移的最好时机。

（2）转移时一般以中场组织球员为主，通过组织者的协调配合及时转移进攻点。

（3）进行拉扯转移时，全队思想要统一，行动要积极。

（四）快速反击

快速反击是指防守队员通过积极拼抢获得控球权后，在对方防线还未形成时，快速发动进攻，创造射门机会的战术方法。

通常在截断对方传球、抢断对方控制球以及对方进攻犯规被判任意球时可发动快速反击，反击着重强调快字。

要点：

（1）快速反击要使用较为熟悉的快速进攻配合战术，队员思想和行动要统一，还要具备一定的反击能力。

（2）快速反击要求快速传球，多采用中、长距离的传球，耗时短、传球次数少是快速反击成功的关键。

（3）如果是在对方前场获得球权则要敢于充分利用个人技术进行运球突破，直接创造射门机会并完成射门。

（五）层层推进

层层推进是指进攻中有组织、有步骤、层层推进的一种战术方法。通常在对方防线已布置妥当的情况下使用。层层推进是全队技战术配合的最好体现，通过球员相互之间的传切配合、跑位，扯动对方防线，以稳妥和有效的进攻方法逐渐瓦解对方防线，并最终找到突破口形成致命一击。层层推进对球员的技术水平、战术理解能力、团队配合意识都有很高的要求，只有具备相当高的技战术水平才能充分有效地发挥层层推进的战术效果。

（六）破密集防守

破密集防守是指进攻方在对方进行全场收缩或仅仅将防线设在自己半场，防守队员密集的情况下所采用的进攻战术方法。破密集防守的主要方法有：

（1）通过持续的跑动，拉扯对方防线，充分利用场地宽度，甚至回传本方后卫来诱使对方防线前移，从而创造进攻机会。

（2）通过小范围的连续、快速、多变的二过一配合刺穿对方防线。

（3）外线队员利用前场球员拉出的空档，直接插上进行远射，前场球员进行多点包抄或补射。

（4）利用个人技术进行强行突破，突破后进行果断射门或给同伴创造射门机会。

六、整体防守战术

整体防守战术是指全队在进行防守时所采用的防守配合的战术方法。常用的整体防守战术主要分为全场人盯人防守、区域防守和混合盯人防守三种。

（一）全场人盯人防守

全场人盯人防守是指在比赛中，每个球员都针对自己固定的防守对象进行全场紧逼盯人的防守方法。这种防守方法的特点是可以一直保持对防守对象的压力，使其在进攻中不能有效的发挥出自身的技战术水平，但是对防守队员自身的体能也有极大的要求，因为在全场范围内进行人盯人，需要不停地奔跑和逼抢。全场人盯人防守同时还要注意队友之间的相互协作。当同伴盯人不严，造成防守失位时，临近的队员也要根据场上的情况，进行迅速的补位、保护，不能放之任之。

（二）区域防守

区域防守是指每个防守队员人负责一定的区域，当进攻方进入该区域时，该区域防守队员立即上前进行紧密防守，以控制其在本区域的活动，一般不参与其他区域的防守任务。但是，防守队员之间仍需紧密配合，一旦某一区域的防守被突破时，临近队员也应该及时进行补防，被突破的队员与之进行换位，追求防守的整体性。进行区域防守时要特别注意相邻区域边界处的防守，因为交界处往往会由于防守职责的不明确而造成防守失误。

（三）混合盯人防守

混合盯人防守是全场人盯及防守和区域防守互相交织进行的一种防守方法。它的最大特点就是能够根据场上的具体情况，灵活运用人盯人和区域防守，充分结合两者的优势，提高全队防守的整体效果。

第三节
旱地冰球战术教学与训练的基本方法

一、有组织进攻战术的练习方法

有组织进攻通常在球队将要转换阵型或没有机会进行快速反击的情况下使用的战术方法。从对手球杆下抢断并控制球的队员将进球回传给本方后卫队员，稳住本方阵脚，重新组织新的进攻，也可以从任意球或界外球的位置上开始组织进攻。通过有组织的传递，给前锋队员在前场创造射门的机会。只有当球员的个人技能达到一定的熟练程度，能进行精准的传、接球并对比赛阵型较为熟练时，使用有组织进攻战术才会产生最佳的效果。有组织进攻战术的缺点在于也给对方留下了足够的组织布防时间。通常在打开进攻局面时，

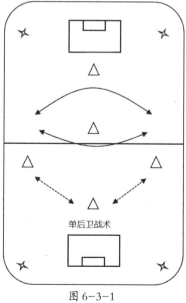

单后卫战术

图 6-3-1

运用以下两种战术打法：

（一）单后卫战术

所谓单后卫战术是指在本方防守区域底端只安排一名后卫拖后，两名边前卫在两侧协助防守，两名前锋一前一后在对方半场跑位打开传球线路。所有五名球员必须通过积极的跑位，牵扯对方的防守，寻找合适的空档，逐渐推进到对方半场展开进攻的战术方法。（图6-3-1）

（二）双后卫战术

双后卫战术是指在本方防守区域底端安排两名后卫进行相互之间的传递，其余三名球员都前压至对方半场进行压迫式进攻的战术方法。使用此战术方法时，必须保持球员之间的紧密相连，相互之间的距离较近。如果有球员准备进行射门，必须保证有本方队友在对方守门员区域进行干扰守门员。所有队员不可原地等球，必须保持在移动中进行传接球。此战术也容易形成对方3打2的不利局面（图6-3-2）。

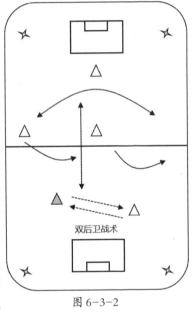

双后卫战术

图6-3-2

在使用这两个战术时，尽量避免从中路传接球，以防被对手截断球，在中路危险地带形成进攻。应该从两侧传、接球向前推进。

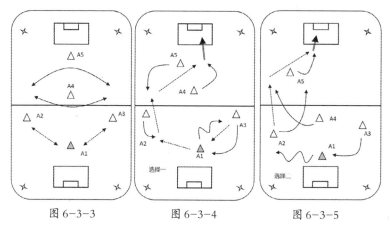

图 6-3-3　　　　　　　图 6-3-4　　　　　　　图 6-3-5

练习一

1. 目的

提高单后卫战术中球队打开进攻局面的能力。

2. 组织

球员如图 6-3-3 所示进行站位。

3. 方法

如图 6-3-3 所示，前锋队员持续在前场进行跑位给队友创造合适的传球线路，同时低位单后卫 A1 持球与两名边前卫之间进行相互传递。如果球传给 A2，A4 跑向 A2 同侧空位，A5 跑向另一侧挡板附近空位。球员之间进行如图 6-3-4、图 6-3-5 所示跑位。

选择一（图 6-3-4）

球员 A1 运球朝右侧挡板处移动，同时球员 A3 则跑向球员 A1 原来所处位置，当球员 A1 与球员 A3 交错而过时，球员 A1 将球挑传给球员 A3，球员 A3 不停球直接传向球员 A2，球员 A2 接球后直接将球传给跑向中线附近准备接球的球员 A5，同时，球员 A4 拉到对方守门员区域前方准备接球员 A5 传球进行射门。

选择二（图6-3-5）

球员A1运球向左侧挡板处移动或者传球给移动到左前方的球员A4，同时球员A2向中场位置移动，打开传球路线，等待传球。球员A4可以传球给球员A2或球员A5，此时球员A5已经移动到对方球门正前方准备进行射门或准备回传或干扰守门员。在射门前，球员相互之间的传球不可超过5次。

4. 要点

注意快速移动和掌握合适的传球的时机；球员必须通过跑位牵扯对方的防线，特别是在空位和中场位置来回扯动，给队友创造空档和射门机会；队友之间必须保持较近的距离，确保传球准确；后卫之间必须进行准确的跳传球，穿越对方的防守。

练习二

1. 目的

提高单后卫战术中球队打开进攻局面的能力；提高中场球员打开进攻局面的能力；提高移动中传、接球的能力。

2. 组织

双方各5名球员，分别站在本方半场靠近中场线附近。

3. 方法

由对方队员首先在中场附近进行射门，守门员扑救以后，将球抛掷给本方拖后单后卫开始完整练习。防守方使用2-1-2阵型。进攻方集中力量打开对方中路进攻空间（图6-3-6）。A1运球朝中场移动，根据前锋队员打开场面的情况做相应选择。

选择一（图6-3-7）

当本方双前锋都向球员 A1 位移动时，球员 A1 条挑传球回传给在后方进行保护的球员 A2，球员 A2 不停球直接将球传给球员 A3，球员 A3 快速将球传给从中场附近跑过来接应的球员 A5，球员 A5 则将球传给已经移动到对方球门正前方的球员 A4，球员 A4 进行最后的射门。

选择二（图 6-3-8）

当前锋将前方空位留给球员 A1 时，如果球员 A1 前方有足够的空间，可以选择运球快速通过中场，球员 A2 在后方进行保护。球员 A1 可以选择继续向前运球并进行射门或选择传球给沿挡板向前移动的球员 A3，当球员 A5 已经拉出空档，且球员 A4 正在干扰守门员视线时，球员 A3 可以选择进行射门或者传球给球员 A4，由球员 A4 进行射门。

4. 要点

掌握良好的移动时机；在进攻开始的初期，单后卫可以运球到中场与其他球员之间进行多次传接球，然后再选择进一步的移动；前锋必须保持不间断的跑动，熟悉整个球队的战术体系；在两种不同的练习中，球员要尽量通过不同的跑位来吸引对手的防守，拉扯对手的防线；充分利用对手的半场。

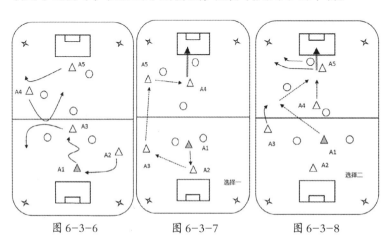

图 6-3-6　　　　　图 6-3-7　　　　　图 6-3-8

练习三

1. 目的

提高球员双后卫战术中打开进攻局面的能力；提高球队整体配合作战能力。

2. 组织

5 名球员如图 6-3-9 所示站位，其中一名防守队员持球。

3. **方法**

选择一：沿边线挡板展开进攻（图 6-3-9）

双方防守队员在底角争球点。球员 A2 传球给球员 A1，球员 A1 得球后沿底线挡板移动到球门后面再将球回传给球员 A2，球员 A2 不停球直接将球传给球员 A4，球员 A4 不停球直接将球传给球员 A3，球员 A3 再将球回传给已经沿边线挡板移动到对方半场的球员 A4，球员 A5 移动到球门附近或者干扰守门员或者接球员 A4 的传球进行射门。

选择二：换另一侧边线挡板（图 6-3-10）

球员 A1 和球员 A2 互相之间进行来回传、接球，同时前锋做相应的游弋准备进行接应。进攻信号由球员 A3 向边线挡板移动且球员 A2 将球传给球员 A1 时发起，球员 A1 接球后，直接将球传给球员 A3，球员 A3 控球稍作调整或不停球直接将球传给球员 A4，同时，球员 A5 回撤准备接应球员 A4，球员 A5 接球员 A4 的传球或者选择将球回传给已经移动到空位的球员 A4 或者选择直接射门。

选择三：通过中场进攻（图 6-3-11）

当对方前锋进行前场紧逼，中场有空档时，使用此种进攻战术。

球员 A1 传球给球员 A2，同时球员 A3 移动到中场附近来回游弋。球员 A2 传球给球员 A3，同时，球员 A5 上前准备接应球员 A3 的传球，球员 A4 移动到球员 A5 拉开后留下的空档。球员 A3 传球给球员 A5，球员 A5 或者射门或者传球给球员 A4，球员 A3 在中场进行传球时必须非常谨慎，尽最大可能降低失球的风险。如果球员 A3 没有直接进行传球的机会，则可以自行控球再做具体决定，但必须保护好球，过长时间的控球，失球的风险会逐渐增大。如果球员 A5 不在正常的传球范围内，球员 A3 也可以将球回传给球员 A2，可以将球员分成三队进行不同位置的练习。

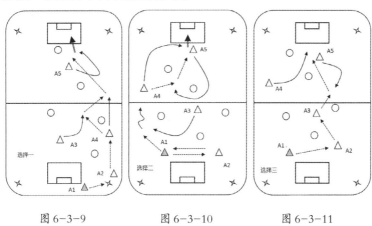

图 6-3-9　　　　　图 6-3-10　　　　　图 6-3-11

4. 要点

每组不同的练习，重点练习的要求一致；尽量避免传球至中路或从边路运球至中路；始终进行不断的跑位，创造空档和射门机会；始终有本方队员在队友进行射门时对守门员进行干扰；双后卫球员 A1 和球员 A2 始终保持比赛状态，根据具体情况将防守位置上提，以助攻本方前锋队员射门结束本次进攻；持球队员尽量传球给空位球员，进攻球员不可原地等球；一次成功的打开进攻局面以射门得分为最终目的；只要球一突破对方的防守密集区迅速展开进攻。球员须逐渐提高传、接球的速度和移动的速度。

（三）快速反击战术

快速反击是提升球队战斗力的又一重要战术，球员对形势的预判能力直接影响着快速反击的效率。防守队员强抢断球后迅速寻找本方队员，或运球向对方球门进行冲刺，其他队友相应作出快速转身、奔跑等应激反应，迅速由防守转为进攻状态。

练习一

1. 目的

提高球员由守转攻进行快速反击的能力；提高球员做好快速反击准备的能力；提高守门员进行二次扑救的快速反应能力。

2. 组织

球员分成四组，分别站于球场的四个底角；两名队员在球门前准备进行防守；球放置在球门里；如果只有一名守门员则每次射门结束后，守门员到另外一侧场地进行防守。

3. 方法

先出发的两名球员 A1 和 A2 从自己底角同时出发，同时对方半场两名球员 B1 和 B2 准备进行防守，球员 A3 和 A4 做好防守球员 B1 和 B2 的准备。如果球员 B1 和 B2 抢断球成功，则立即转向对方球门展开快速反击，此时球员 A3 和 A4 上前进行防守，如果球员 B1 或 B2 没有抢断成功，球员 A1 和 A2 形成射门后，或者球出界，则由守门员将球发给球员 B1 和 B2，由他们展开进攻，球员 A3 和 A4 准备抢断进行快速反击，同时球员 B3 和 B4 做好防守球员 A3 和 A4 的准备，如此循环反复练习（图 6-3-12、图 6-3-13）。

4. 要点

重点强调由守转攻时的阵型变化以及随时做好快速反击的准备；防守队员成功抢断后，由守转攻时，对面场地球员必须快速反应上前进行抢断；保持对本方队友位置的清晰判断。

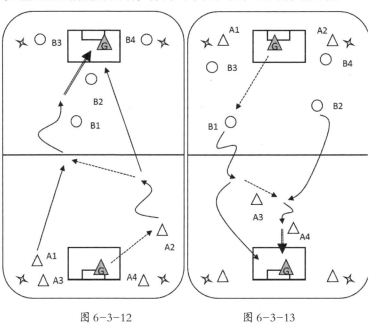

图 6-3-12   图 6-3-13

练习二

1. 目的

提高球员阅读比赛和展开压迫性打法的能力；提高球员展开快速反击的能力；在多人对抗情况下提高球员运用各项技能的能力；通过限定时间，提高球员进行快速决断的能力。

2. 组织

球员分成两队（A队和B队）站于中场附近，面对各自球门；两名球员（B1和B2）站在本方球门前方准备防守。球放置在球门里或球网上方。

3. 方法

A组球员率先出发，球员 A1 和 A2 接守门员的传球，面对球员 B1 和 B2 展开二对二的进攻，只要球通过中线，第三名防守队员B3立即加入，形成二打三的局面。当球出界、被守门员没收或被防守队员抢断，则防守队员立即转为进攻，展开快速反击，同时球员 A3 和 A4 变为防守队员，在本方球门前进行防守，球员 A1 和 A2 则重新入列。只要进攻队员球员 A3 或 A4 通过中场，则球员 A5 加入本方防线协助防守，如果对方抢断球，则球员 A5 立即转身变为进攻队员展开进攻（图 6-3-14、图 6-3-15、图 6-3-16）。

4. 要点

球员应该通过快速变阵，在对方半场展开压迫式进攻；对本队球员进行协防时，必须主动积极，而不是仅仅在原地等着队友的传球；不同位置的球员应该充分发挥自身的特点展开进攻。防守球员在完成防守任务的同时，应该做好随时展开快速反击的准备；只要本方防守队员得球后，在后方进行协助防守的队员应进行接球准备或不停跑位创造空档。

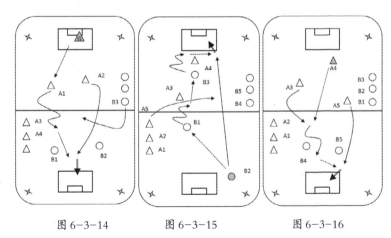

图 6-3-14　　　　　图 6-3-15　　　　　图 6-3-16

练习三

1. 目的

提高球员进行快速阵型变换的能力；提高球员进行最后一击射门的能力；提高球员在打开进攻局面时进一步熟悉变换阵型的能力；提高球员进行持续性阵型演练的能力。

2. 组织

球员按球场上的具体位置（前锋、后卫等）进行分组；为了使练习流畅，也可将球员按队分组，至少 20 名球员以上。中线附近相距 5 m 左右各摆放 2 个标志碟，标志假想的延长线：后卫（A1 和 B1）的位置在标志碟假想延长线附近且在挡板外面；前锋（A2 和 B2）的位置在靠近中线附近且在挡板外面。开始阵型为：B组的三名进攻队员准备进攻，而A组的两名防守在场地另一侧准备进行防守。注：A1 是指A组两名防守队员，B1 是指B组两名防守队员。A2 是指A组三名进攻队员，B2 是指B组三名进攻队员（图 6-3-17、图 6-3-18）。

3. 方法

第一阶段

守门员传球给 B2，B2 面对 A1 展开进攻。当球通过标志碟之间的的假想延长线时，A组的三名前锋进入场地协助 A1 进行防守并帮助 A1 尽力获得控球权。

第二阶段

当 A1 获得控球权后，立即通过传球给 A2 中的一人来打开进攻局面。A2 此时面对两名对方的防守队员 B1，形成三对二的局面。如果A组进行射门时，球被守门员没收，或者进球得分或球出界，则守门员将另一个球传给 A2，由 A2 展开新的一次进攻。每次练习结束后，可以进行位置的轮换，A1 和 A2 的球员进行位置的互换。

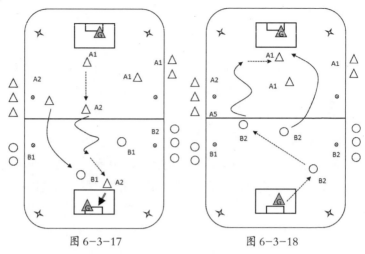

图 6-3-17　　　　　　　　图 6-3-18

4. 要点

　　双方防守队员的任务只是防守，然后将球传给进攻队员，不需要参与到进攻当中；前锋要进行回防，协助本方防守队员结束对方的进攻；三对二进攻局面只可延续数秒。练习中力求快速获得射门机会、快速终结对方进攻以及打开本方进攻局面。防守队员一旦获得控球权，应该立即将球传给本方进攻队员；如果守门员得球，则须快速将球传给本方前锋或者位置最好的球员；一名前锋要保持更深的跑位以便为守门员或后卫传球打开合适的路线；前锋队员也要始终保持移动创造合适的空档。

二、防守型战术的练习方法

　　防守型战术主要可以分为三个部分：一是从前场就开始进行压迫式防守的战术方法；二是在本方半场开始布置防线进行防守的战术方法；三是从进攻转为防守的战术方法。成功的防守需要球员相互之间的默契配合，需要球员严格执行赛前的战术安排，需要球员具有较强的阅读比赛的能力。球员在执行防守战术时，阻止对手射门、将对方运球队员引导至本方防守力量最强的的区域、重新获得球的控制权并展开进攻是防守的三个主要的任务。

（一）在对方半场展开压迫式防守的战术方法练习范例

练习一

1. 目的

提高球员在进行前场紧逼防守时的个人能力。

2. 组织

球员三人一组进行分组；使用半场，每半场放置两个球门。

3. 方法

进行半场三对三的练习，每min教练鸣哨进行位置轮换。在进行练习前，进行具体的战术安排。根据前场紧逼战术安排练习（图6-3-19）。

人盯人防守：每名防守队员紧盯一人，如果对方进攻取得进球，则接受相应的处罚，例如俯卧撑或仰卧起坐。

引导性防守：无论哪支球队控制球，只允许一次回传球。给防守方足够的时间和空间组织新的防线。控球方只留一名前锋在前场运球，防守队员上前进行引导性防守，将前锋逼向本方防守较强的位置。

被动性前场紧逼防守：进攻方不允许进行回传球，防守方只有一次进攻机会，因此，防守队员必须站在对方球门和对方球员之间进行防守。

根据球员个人技术水平安排练习。

阻挡进攻队员射门：进攻方只要一过中线就开始射门

（半场练习时放置标志碟，以假想的延长线为中线）或者将球传给其他球员，接球队员不停球进行直接射门。防守队员随时做好阻挡对方射门路线的准备。

阻挡对方传球路线：运球队员在进行射门或传球前持球不得超过3 s或只许触球两次，否则教练将鸣哨吹罚运球队员犯规，防守方获得任意球。这有利于防守队员对运球队员传球路线进行截断。

每组练习结束后进行不同项目轮换。

4. 要点

教练在练习前必须向队员详细解释具体的练习规则，使球员理解练习的主要目的和方法；在练习中途或每次练习结束后，询问球员是否清楚整个练习的目的和要求；球员应该按照比赛的要求来进行练习；球员必须严格遵守练习前制定的规则；加快练习的速度，使得球员在练习中快速作出正确的战术决定。

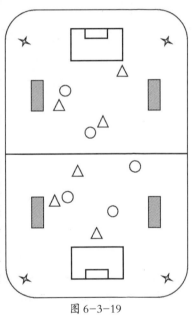

图 6-3-19

练习二

1. 目的

提高球员二对一在前场（对方底角）进行紧逼防守的能力；提高球员保护球和运球假动作突破的能力。

2. 组织

球员分成两组，每组分成两队；场地纵向一分为二，球员位于中线附近；每队球员面对各自的球门进行练习，其中B队为防守队员，A队为进攻队员。

3. 方法

球员A1运球向前并射门，守门员扑救后将球扔向底角。球员B1得球后控球，球员A1和A2上前逼抢，对球员B1形成夹击，球员B1尽力保护好球，或运球冲出底角，或将球传给已经上前对球员B1形成支援的球员B2。球员B1和B2在角落里与球员A1和A2形成二打二。运球队员在传球给队友或进行射门之前，使用假动作吸引对方两名球员上前进行包夹。如果防守方成功运球到达底线或前锋成功进行射门，则练习结束。每1min进行轮换，所有队员都练习过后，队员之间进行位置的互换（图6-3-20、图6-3-21）。

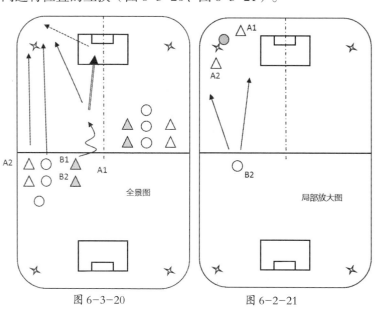

图6-3-20　　　　　　　图6-2-21

4. 要点

球员必须按照比赛的要求进行练习；在射门结束后，球员 A1 成为突前前锋，球员 A2 上前助攻球员 A1 形成前场紧逼；球员 B1 在狭小的空间里尽一切可能保护好球，并突破防守方二夹一的防守将球传给球员 B2；球员 B2 尽量接好球并将球运过中线；如果球员 B2 控球后，球员 A2 和 A1 应尽快防住球员 B2，争取重获球权；如果球员 A2 和 A1 获得球权，则球员 B1 和 B2 要快速对控球队员进行夹击，阻挡其传球路线，封锁其射门角度。球员 A2 和 A1 在进行射门或传球前也需要做假动作，为球员 B1 和 B2 的夹击创造时间。进行二夹一紧逼防守时尽量贴近控球队员，在进行夹击时避免出现犯规动作，例如敲对手球杆、撞人、推人等。

练习三

1. 目的

提高球员进行区域防守的能力；提高球队整体前场压迫防守的能力；使球员进一步熟悉前场压迫式防守阵型。

2. 组织

球员 5 人一组成直线如图 6-3-22 所示，作为防守队员站在对方守门员区域前方；球放在球门里。

3. 方法

守门员将球投掷向角落里，进攻球员上前控制球并运球通过底线绕过球门，然后开始进攻，给防守方进行前场紧逼防守布阵的时间。当防守方通过抢断等手段获得球的控制

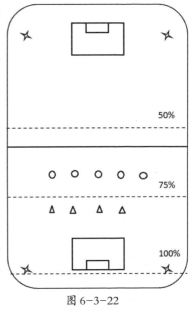

图 6-3-22

后，持球队员必须运球穿过球门后场，绕过球门才能开始进攻。每隔1min左右进行轮换（图6-3-22）。

4. 要点

球员必须事先对要使用的防守阵型非常熟悉；开始可由教练来决定使用如何防守阵型，但是对技术水平较高的球员，可以根据对手的情况以及比赛的具体情况采用不同的防守阵型；注重队员之间的跑位和移动；突前的前锋负责对前场实施紧密逼抢；必须进行各种强度和密度的逼抢练习；如果突前前锋球被抢断，则其他队友必须上前进行支援，展开逼抢；队友之间的距离不可拉的过大。

（二）在本方半场开始布置防线进行防守的战术方法

在本方半场防守区域完成防守任务的方法取决于比赛的具体情况和双方球员的技术水准，在选择具体的防守战术时要考虑到这些变量。保持防守战术的连续性有利于球员学习和掌握，一旦选定一种防守战术，球员之间一定要相互信任。每个队员都应该清楚的认识到自己的防守职责，并且进行相互之间的支援。在本方区域防守主要选择区域防守和人盯人防守。

区域防守：球队的每个人都负责具体一块区域的防守方法叫做区域防守，后卫负责后场和底角区域，中锋负责中场区域，而边锋则负责两侧区域。

人盯人防守：球队的每个人都负责针对对方的每名球员防守的方法叫做人盯人防守。进行人盯人防守对防守队员的体能要求很高，因为要始终跟随防守对象进行移动。通过对防守对象施加压力迫使其失误，或者紧跟无球队员，阻断其接球路线等。

练习一 当对方进攻队员持球在本方底角时

离持球进攻队员 B1 最近的后卫 A1 上前对运球队员进行干扰，并将其逼往角落里，中锋 A3 上前进行协助。边锋 A2 阻止其往空位跑动的路线，远端边锋 A4 也上前协助边锋 A2，球员 A2 沿着挡板跑位，准备在本方抢断球后进行进攻。同时，远端后卫 A5 向前进行空位掩护（图 6-3-23、图 6-3-24）。

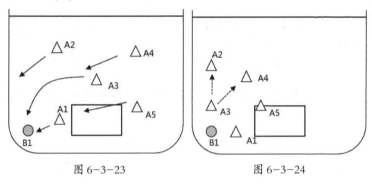

图 6-3-23　　　　　　　　　　图 6-3-24

练习二 当对方进攻队员持球在本方边线挡板附近时

离持球进攻队员 B1 最近的边锋 A2 向前对运球队员进行逼迫，迫使其沿边线移动，靠近进攻队员最近的后卫 A1 上前协助边锋对进攻队员进行二夹一防守。中锋 A5 也朝挡板处移动，创造传球路线或者在得球后准备展开进攻或阻止进攻队员 B1 回传，远端后卫 A5 负责对空位进行保护，并且目光始终保持对场上对手的关注。同时，远端边锋 A4 也向有球处靠近，时刻关注进攻对手，切断对手的传球路线并在成功断球后展开进攻（图6-3-25、图 6-3-26）。

练习三 当进攻球员在球门后方进行运球时

两名后卫 A1 和 A5 立即上前对进攻队员 B1 进行夹击，中锋 A3 往中间空档进行跑位掩护空位。两名边锋 A2 和 A4 也

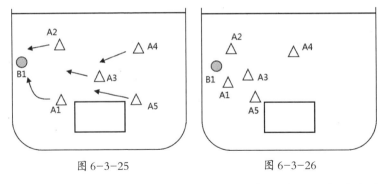

图 6-3-25　　　　　　　　图 6-3-26

迅速向中间空位移动进行空位掩护并准备在本方抢断球成功后再两侧进行接应，为本方队友创造传球路线。对球员 B1 形成夹击的球员 A1 和 A5 必须全力抢断球并控制好球，否则对方将在本方危险区域将发动致命攻击。如果夹击失败，球被对方传到中间的空位，则中锋 A3 必须承担起封锁对方传球路线、防止对方射门以及对接应球员进行干扰等重要职责（图 6-3-27、图 6-3-28）。

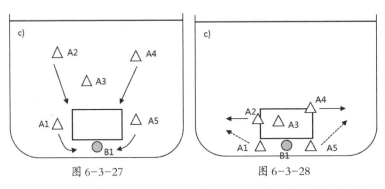

图 6-3-27　　　　　　　　图 6-3-28

　　在本方区域进行防守时，两名负责上前对运球队员实施包夹的防守队员必须掌握好快速包夹的时机，并和其他队友合作封锁其传球路线，迫使其在原地运球或将球回传到本方球队半场。一旦抢断球成功，最好的选择是实施快速反击战术，在给对方施加压力的同时，缓解本方的防守压力。

（三）由进攻转为防守的战术

全队压上在对方半场展开进攻时丢球是非常危险的情形，此时，对手可以利用本方防线的漏洞展开快速反击并获得射门得分的机会。因此，丢球后快速有效的在对方前场组织防守显得尤为重要。

具体范例：

练习一

1. 目的

提高球员在对手发动快速反击时进行防守的能力；提高球员在进行阵型转换时个人技能的合理运用能力。

2. 组织

球员分成三排位于场地底角并称对角线站位；两排进攻队员，一排防守队员；如果球员人数足够，则可以从两边场地同时开始进行练习；标志碟如图6-3-29所示放置在中线附近。

3. 方法

图 6-3-29

两排进攻队伍和一排防守队员第一名球员 A1 和 A2 及 B1 同时从底角出发跑向中场。在通过中场绕过标志碟后，其中一名前锋接对面场地防守队员 B2 的传球与另一名前锋在本方半场展开对球员 B1 的二打一练习。每次练习结束，队员之间互换位置，球员 A1 到 A2、A2 到 B1、

B1到A1的位置，如此循环反复进行练习（图6-3-29）。

4. 要点

防守队员从底角出发后，必须转身面对进攻队员进行防守；防守队员B1须快速决定是对运球队员进行逼迫还是直接阻断其传球路线和射门路线或者对无球进攻队员进行防守；防守的主要目的是为了减缓进攻队员的步伐，等待本方其他队友的支援；进攻时充分利用场地的宽度进行球的转移。

练习二

1. 目的

提高球员在由攻转守阵型转换中合理运用个人技能的能力；提高球员利用个人技术缓解对方进攻步伐的能力。

2. 组织

一名防守队员（B3）位于球门附近；三名前锋队员站在中线附近（A1、A2、A3）；二名防守队员B1和B2始终站在中线附近准备进行防守。

3. 方法

如图所示，前锋开始跑向中场附近，球员B3将球传给前锋中的其中一人，传球后，球员B3再继续上前进行掩护。球员A1、A2和A3对球员B1和B2形成三打二的进攻局面。一次练习结束后，队员之间进行位置的轮换，球员A1和A2到球员B1、B2的

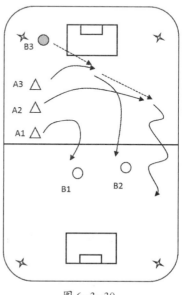

图 6-3-30

位置成为防守队员，球员A3和B3位置互换。如此循环反复练习（图6-3-30）。

4. 要点

在练习前对每个队员详细讲解战术要求，使每名队员明白自己的职责；在进攻区域丢球后，断球方立即展开快速反击；一名防守队员主要负责逼迫运球队员，另一人则主要负责切断对方防守路线，在空位对其他无球队员进行干扰；练习中强调对传球线路和射门的封堵；防守队员应该尽量减缓对方进攻的节奏，给自己同伴上前支援创造足够的时间和空间。

练习三

1. 目的

提高球员进行全队整体阵型变化时的战术执行能力；提高防守队员针对对方强力进攻时的防守能力；提高球员在全队压上进行快速攻击时的整体配合能力。

2. 组织

如图所示，五名进攻方球员（A1~5）站在各自的位置上准备开始进攻；三名防守方队员（B1~B3）如图所示站位，其中一人为防守方的进攻队员；两名防守方后卫（B4和B5）站在球门后方；教练或其他球员持多球站在底角。

3. 方法

练习从守门员将球发向进攻方球员开始，进攻方持球后展开五对三的攻击，当球过中线时，防守方B4和B5在后方进行支援。当进攻方射门得分，或球被守门员没收，或球出界，或球被防守方抢断时，由教练重新将球发给防守方队员，双方进行攻防转换，原防守方转为进攻，原进攻方转为防守（图6-3-31、图6-3-32）。

4. 要点

球员要适应不同角色的转换；应该对运球队员进行逼迫，降低对方进攻节奏，封堵对方传球和射门路线。对无球队员的防守应该着重封锁其接球空间，不要紧盯球，紧跟无球队员的移动，防止其接球后进行射门；在后场进行掩护的球员应该尽可能快速跑到防守区域支持本队的进攻；当本方断球成功后，所有队员必须做好全队进攻的准备；所有五名球员必须全部参与本队的整体防守和整体进攻当中。

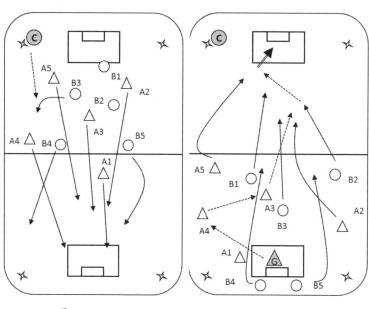

图6-3-31   图6-3-32

第七章
旱地冰球运动竞赛的
组织及竞赛规程

第七章
旱地冰球运动竞赛的组织及竞赛规程

第一节 旱地冰球竞赛的组织

一、组建竞赛委员会

每一次正式的比赛都需要首先筹建竞赛委员会，竞赛委员会的职责是在国际旱地冰球联合会或主办方的指导下负责整个赛事期间的比赛场地安排、赛程安排、交通和住宿、医疗服务、安保措施、市场推广、媒体、颁奖仪式、赛事赞助、志愿者等所有相关事宜。

（一）赛前组建竞赛委员会

大型国际比赛的竞赛委员会应该至少提前 18 至 24 个月进行筹建，小型国际比赛提前 8 至 12 个月筹建。确立竞赛委员会负责人及各部门的相关职责和任务，并报国际旱地冰球联合会或主办单位备案。

（二）通知各参赛球队相关事宜

赛事举办者与参赛球队之间良好的沟通是比赛成功举办的良好基础。竞赛委员会必须在赛前统计好参赛球队的所有信息，确定报名截止日期。随后通知参赛球队竞赛时间、地点、赛事日程安排、赛事期间的交通住宿安排、联系方式等相关事宜，使参赛球队做好充分的准备工作。

（三）竞赛办公室

比赛期间，必须成立竞赛办公室作为赛事顺利运行的中枢部门。竞赛办公室也是赛事期间的信息中心，一切与比赛相关的事物和信息都可以通过竞赛办公室获取。因此办公室必须配备相应的办公用品、电脑、网络、打印机、传真机、各种竞赛文档，甚至礼物、奖品等。

（四）比赛场地

选择符合比赛要求的标准场地是竞赛委员会的重要职责之一。比赛场地必须能满足进行旱地冰球比赛的要求，如果参赛队伍超过十支，通常要同时使用两片标准场地以上，比赛的地面要符合国际旱地冰球联合会的要求。要有观众席位，场地上不可有其他干扰赛事正常进行的声源、光源等。要有替补席、记录台、更衣室、医务室、技术官员工作室、媒体工作区以及合适的停车位等。

（五）比赛记录员

记录员的主要职责是做好比赛的各项记录工作、负责控制比赛的时间。通常由5人组成，1人负责记录、1人记比赛总时间、1人负责暂停时间、还有2人负责被罚出场球员计时。记录员必须在赛前一个小时之间抵达比赛场地，检查各项准备工作，赛中认真记录，赛后请裁判员在记录表签字并保存好各种记录表。记录员通常坐在赛场中线与挡板保持合适距离的记录台上。

（六）赛事数据统计员

赛事数据统计员主要负责对参赛球队的相关信息进行

网上登录并及时进行更新，统计比赛中的各种数据，比如守门员扑救球的次数。对实际上场球员和报名单上球员进行核对，记录最佳球员名单等。

（七）播音员和DJ

播音员主要负责提醒场上球员准备活动时间、球员上场时播报名单、介绍参赛球队、介绍裁判员以及场上比赛中需要播报的一切事宜。比赛后的颁奖仪式也由播音员来主持，播音时注意语速、语调，确保播音清晰。DJ主要负责比赛开始前、比赛间歇和比赛结束后的音乐播放，起到活跃气氛，缓解紧张情绪的作用。

（八）颁奖仪式

赛前，组委会要预先安排好颁奖仪式，计划好颁奖的具体时间、颁奖嘉宾、奖品准备、礼仪小姐等。赛中对负责颁奖仪式的工作人员进行指导，赛后确保颁奖仪式顺利进行。

（九）场地工作人员和志愿者

场地工作人员要做好球队的引导工作，引导球员找到正确的更衣室、引导球员做热身活动、协助球队做好颁奖仪式工作等。赛后，引导球员接受采访、引导球员搭乘交通、检查场地等，志愿者则协助工作人员完成各项工作，包括比赛中扶起倒下的挡板等。

二、赛程编排

旱地冰球比赛可以采用的形式有循环赛制、淘汰赛制、和混和赛制等。

（一）循环赛制

1. 循环赛制的分类

循环赛制包括单循环、双循环和分组循环。

（1）单循环：是指比赛中所有参赛球队都要互相进行一场比赛，最后按各队在全部比赛中得分多少进行名次排列。

（2）双循环：是指比赛中所有参赛球队都要互相进行两场比赛，最后按各队在全部比赛中得分多少进行名次排列。

（3）分组循环：是指比赛中所有参赛球队分成若干组，每组单独进行循环决出各组的名次，然后按竞赛规程中规定的方法再进行比赛的方法。

2.循环赛制的编排

（1）单循环比赛场次的计算方法

$$X=\frac{N(N-1)}{2}$$

X表示比赛总场次，N表示队数。例如，8个队参加比赛，则此赛的总场次数为：

$$X=\frac{8(8-1)}{2}=28（场）$$

（2）单循环比赛轮次的计算方法：在单循环比赛中，所有球队都参加完一场比赛即为第一轮。如果参加比赛的球队数是奇数，则比赛轮次数就等于比赛队数。如果参加比赛的球队数为偶数，则比赛的轮次数就等于比赛的队数减1。L表示比赛轮数。例如，9支球队参加比赛时，$L=9$，每轮比赛4场，其中一支球队轮空。如果10支球队参加比赛时，$L=10-1=9$，每轮比赛5场，无球队轮空。

（3）比赛轮次表的排列方法：不管参加的球队数是奇数还是偶数，一般都按偶数进行编排。如果参加比赛的球队数是奇数时，再用一个"0"好代表一支球队，使之成为偶数，各队碰到"0"号球队时，即为轮空球队。

进行编排时先用号数代表球队名称，将其平均分为两半，前一半号数由 1 号开始自上而下写在左边，后一半号数自下而上写在右边，然后再把相对的号数用横线连接起来，这就是第一轮的比赛。一般参加比赛的队数是偶数时，1 号位固定不动；参加比赛的球队数是奇数时，0 号位固定不动，其余的号数按逆时针方向移动一个位置，再用横线把相对的号数链接起来，这就是第二轮比赛。依次类推，排出其余各轮比赛。例如 8 支球队参加比赛表（表 7-1-1）或 5 支球队参加比赛表（表 7-1-2），其循环方法如下：

表 7-1-1　8 支球队单循环比赛轮次表

第一轮	第二轮	第三轮	第四轮	第五轮	第六轮	第七轮
1—8	1—7	1—6	1—5	1—4	1—3	1—2
2—7	8—6	7—5	6—4	5—3	4—2	3—8
3—6	2—5	8—4	7—3	6—2	5—8	4—7
4—5	3—4	2—3	8—2	7—8	6—7	5—6

表 7-1-2　5 支球队单循环比赛轮次表

第一轮	第二轮	第三轮	第四轮	第五轮
1—0	5—0	4—0	3—0	2—0
2—5	1—4	5—3	4—2	3—1
3—4	2—3	1—2	5—1	4—5

轮次排出来之后，各队再进行抽签，将抽中的号码填到相应的轮次表中，然后编排出比赛的日程表。

（4）循环赛制的记分方法：循环赛制比赛，特别是分组循环比赛的计分方法和决定名次的方法必须在竞赛规程中明确予以规定。

目前通用的记分方法有：

①每支球队胜一场得3分，平一场得1分，负一场得0分。按照同一循环全部比赛的积分多少决定名次，积分多者名次排前。

②如果两支球队或两支球队以上积分相同，则依次按积分相等球队相互之间的净胜球数、进球总数来决定名次，多者名次排前。

③如果仍然相同，则按同一循环全部比赛的净胜球数、进球总数决定名次，多者名次排前。

④如果仍然相同，则以抽签方式决定名次。如果涉及升降级，将另进行主客场附加赛或点球决胜负。

⑤如果采用主客场双循环赛制，当两队净胜球相等时，以客场进球数确定名次，多者名次排前。

如果竞赛规程规定每场比赛必须决出胜负，应该在第②条中写明"如遇两支球队积分相等，以互相之间比赛胜负确定名次，胜者名次排前。"

（5）分组循环赛制的比赛进行时，一般采用"种子对"或"蛇形"排列分组办法，尽量多录取球队参加下一阶段的比赛，并在最后一、二轮的比赛时间上保持一致。

（二）淘汰赛制

淘汰赛制是指在比赛中如果失利一场比赛（单淘汰）或两场比赛（双淘汰）时，即失去继续比赛的资格，获胜一方继续进行比赛，直到最后比赛结束。

1. 单淘汰赛制：单淘汰赛制比赛总场次等于参加比赛的球队数减1。轮次的计算方法为：当参加比赛的球队数等于2的乘方数，则比赛的轮次数就等于2的指数，如果参加比赛的球队数不是 2 的乘方数，则比赛轮数为略大于参加球队数的 2 的指数。例如，8 个队参加比赛，$X = 8 - 1 = 7$。因为 $8 = 2^3$，比赛为 3 轮（见表 7-1-3）

表 7-1-3　8 支球队单淘汰表

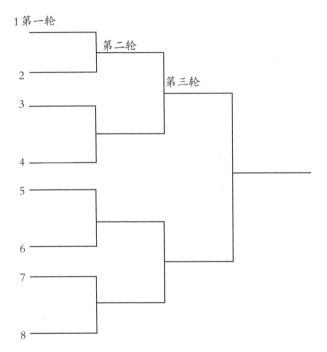

又比如，5 支球队参加比赛，总场次数为：$X = 5 - 1 = 4$。轮次计算为：略大于 5 的 2 的乘方数是 8，$8 = 2^3$，所以比赛的轮次也为 3 轮（见表 7-1-4）

表7-1-4　5支球队单淘汰表

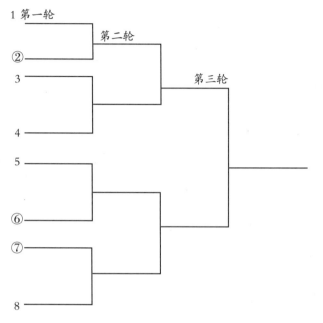

注：第一轮1、5、8为轮空队。"〇"内的号数为轮空位置

　　另外在编排轮空队伍时，如果参加比赛的球队数是2的乘方数（如4、8、16、32等）则第一轮比赛没有轮空，所有的队都可以参加比赛。如果参加比赛的球队数不是2的乘方数，则必须在第一轮的比赛中有部分球队进行轮空，才能使第二轮比赛的队数成为2的乘方数。因此，要先计算出第一轮的轮空队数。

　　轮空队数等于略大于比赛队数的2的乘方数减去参加比赛的队数。为了编排方便可以按照下列轮空位置表进行查询。（表7-1-5）

表7-1-5 轮空位置表

2	63	34	31	18	47	50	15
10	55	42	23	26	39	58	7
6	59	38	27	22	43	54	11
14	51	51	46	30	35	62	

查表方法：用稍大于参加本次比赛球队数的2的乘方数作为最大位置号数。再根据轮空队数，在轮空位置标上由左向右依次找出小于最大位置号数，就是轮空位置。在轮空位置相遇的队就是第一轮的轮空队。例如，10个队参加比赛，稍大于10个队的2的乘方数是16。16-10=6，即第一轮轮空位置依次是2、15、10、7、6、11，与2、15、10、7、6、11相遇的球队就是第一轮的轮空队。

2.混合赛制

混合赛制是指一次竞赛分为两个阶段进行，前一阶段采用循环赛制，后一阶段采用淘汰赛制，或者前一阶段采用淘汰赛制，后一阶段采用循环赛制。通常使用的是先循环后淘汰的赛制。

（1）交叉赛

第一阶段分为A、B两组进行单循环赛，决出各组的名次。第二阶段进行淘汰赛制，可将两组的第一、二名进行交叉赛，即A组的第一名和B组的第二名，A组的第二名对B组的第一名，然后两场比赛的胜者进行决赛，如需决出三、四名时，前面两场比赛的负队再进行比赛，胜者为第三名，负者为第四名，可以使用同样的方法分别决出五到八名。

（2）同名次赛

第一阶段分A、B两组进行单循环赛，决出各组的名次。第二阶段淘汰赛时，两组的第一名进行决赛，胜者为第一名，负者为第二名；两组的第二名进行三、四名的争夺赛，依次类推。

第二节 旱地冰球竞赛规则

一、场地

（一）挡板的规格

比赛场地由四角为弧形的矩形封闭式挡板围成，其规格为 40 m × 2 m，其中长为 40 m，宽为 20 m，高为 50 cm。正式比赛用挡板需通过国际旱地冰球联合会认证并贴上相应的认证标志，其中最大规格应不超过 44 m × 22 m，最小规格为 36 m × 18 m。

（二）场地上的标志

1. 所有标志线宽度为 4~5 cm，并且配以醒目亮丽的颜色。

2. 必须划好中线及开球点，中线需与两边底线相平行，并且将场地平均一分为二。

3. 守门员大禁区为 4 m × 5 m 的长方形，与底线平行的最近边线离底线直线距离为 2.85 m，其中包括划线的宽度。大禁区必须位于整个场地两条边线的中间（图 7-2-1）。

4. 守门员小禁区为 1 m × 2.5 m 的长方形，与大禁区底线平行的最近边线离大禁区底线直线距离为 0.65m，其中包括划线的宽度。小禁区必须位于整个场地两条边线的中间（图 7-2-2）。

5. 小禁区底线同时作为球门线，球门位于小禁区底线和大禁区底线之间，长度为 1.6m，球门线必须位于小禁区底线的中间，小禁区底线需划好球门放置标志。

6. 中场开球点必须位于中线的中间，其他开球点位于球门线假想延长线上，距场地边线 1.5 m，直径不超过 30 cm。中场开球点可以不标示，其他开球点必须标示。

（三）球门

比赛用球门规格为 115cm × 160cm，必须通过国际旱地冰球联合会的认证，并贴上相应认证标志。球门必须放置于场地上事先划好标志的位置上，球门开口正对中场。

（四）替补席

替补席区域标志线位于挡板的同一侧，长度 10m，从距离中线 5m 处开始划分，其中包括替补席。替补席区域从挡板处开始计算宽度不超过 3m，替补席须离开挡板合适的距离并且有足够 19 名球员休息的空间。

（五）记录台和球员受罚席

球员受罚席记录台应设置在替补席的对面，正对球场中线，同时与记分牌保持合适的距离。每支球队都应设置相应的球员受罚席位，受罚席位预留至少两名球员的空间。

（六）场地的检查

裁判员必须在比赛开始前对场地进行彻底的检查，确保无任何不妥之处。如发现问题，必须马上向主办方汇报，主

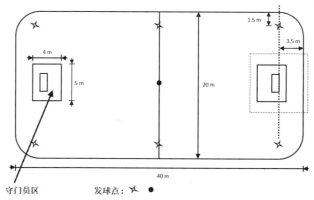

图 7-2-1 场地示意图

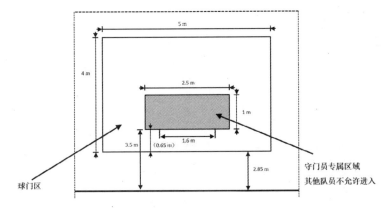

图 7-2-2

办方负责修正。比赛期间，主办方必须保持记分牌处于正常工作状态。任何危险性物体必须移除或者加装保护装置。

二、比赛时间

（一）常规比赛时间

1. 根据具体情况确定比赛时间及休息时间，但是不能少于两节，每节不少于15min。国际标准比赛完整时间为1h，分三节，每节20min，每节中间休息。球队交换场地，替补席也相应调换。主队有权在比赛开始前优先挑边。每节比赛开始，双方球队在中场发球点重新争球。如果比赛没有自动计时警示装置，则由记录员负责在每节比赛结束前鸣哨示意或者发出其他警示性声音提醒裁判员暂停或终止比赛。暂停时间从每节比赛结束哨声响起时立即生效。

2. 有效比赛时间。

有效比赛时间是指在比赛过程中，除去裁判员中断比赛至每次重新开球的所有时间。比赛中，出现非正常干扰时应鸣哨三声警示。非正常干扰包括球损坏、挡板分离、受伤、检查装备、非比赛人员进入场地、场地上有异物、灯光全部或者部分熄灭以及非正常比赛结束哨音等。当值裁判有权决定哪些行为或现象可认定为非正常干扰。当挡板出现分离而球并未出现在分离部位附近时，比赛可以继续进行，直至球出现在损坏挡板附近，裁判才可中断比赛。只有当裁判认为场上队员受伤严重至无法继续进行比赛时，才可中断比赛。竞赛主办方亦可对有效时间做出界定，即规定只有在进球、罚点球、暂停以及裁判鸣哨警示三声的情况下暂停计时器工作，其他情况下计时器保持连续工作状态。但是所有比赛最后3 min必须按有效时间进行计算，即中断比赛，计时器停止工作；比赛开始，计时器继续工作。

（二）暂停

比赛期间双方球队都有一次要求暂停的权利。暂停时间从比赛被终止时即刻开始计算。比赛任何阶段都可以请求暂停，但是必须在比赛中断时执行而且暂停要求只能由球队队长或者球队管理成员之一提出。暂停要求于比赛中断后立即执行，但是当裁判认为暂停要求会给对方球队造成不利影响，也可以在下一个比赛中断间歇时执行。除了进球和本方要求撤销暂停要求以外，暂停要求必须被执行。当所有球队成员都在本方替补席，裁判员位于记录台区域，裁判鸣哨示意暂停时间开始，暂停时间为30 s，30 s计时结束，裁判员再次鸣哨示意暂停时间到，按照比赛中止前的状况继续进行。暂停期间，被判罚禁赛的队员不允许参加暂停期间任何活动。

（三）比赛加时

比赛如果必须分出胜负，且在常规时间内，双方战平，则进行加时赛。加时比赛时间为10 min，10 min内，无论那方进球比赛立即结束。加时赛前，双方休息时间为2 min，无需交换场地。常规比赛期间和加时赛期间竞赛规则相同。如果双方在加时期间依然战平，则进行点球决胜负。

（四）点球决胜负

点球决胜负期间，双方场上球员除守门员外各进行一次罚球，如比分依旧相同，则进行第二轮罚球直到分出胜负。裁判员决定使用哪个球门并召集双方队长进行抽签决定罚球先后顺序。罚球前，双方队长或者球队管理人员以书面形式告之裁判和记录员本方球员的号码及出场顺序。裁判员必须严格按照球队上报的球员出场顺序安排球员进行罚球。在第一轮罚球过程中，只有当球队取得足够多的领先优势时，比赛才算正式结束，第二轮罚球只要有一方领先一球比赛即刻结束。领先一方为整场比赛获胜球队。第二轮罚球球员可以不必按照第一轮的出场顺序进行，但必须在所有队员都罚完自己的球以后才可进行第三轮罚球。如果场上犯规球员并没有受到判罚出场的惩罚时，可以参与到罚点球的过程当中。如果在点球罚球过程中，守门员犯规，则由替补门将接替他完成守门工作。如果没有替补门将，则场上球员来代替，每队有3 min时间来准备守门员装备，期间不准进行热身。

三、球队成员

（一）球员

1. 每支球队最多可以使用20名球员，这些球员必须登记记录在册。球员包括守门员和场上球员以及替补。没有注册的球员不能参加比赛或者处于替补席区域。

2. 每支球队上场球员最多6名，其中包括一名守门员，守门员也可以在某些情况下成为一名打球球员，从而不适用于守门员相应规则。裁判员在吹响比赛哨音之前，需确认每支球队有 5 名球手，1 名装备齐全的守门员。如对方弃权或者只有一支球队时，则直接判定场上球队以 5 比 0 的比分获胜。比赛期间，每支球队场上球员不得少于 4 人，否则比赛将立即被终止，且少于 4 人的球队会被判 0 比 5 告负。

（二）替补球员

比赛期间，替补球员可以无限制的更换，且无时间和上场次数限制。所有球员替换行为只能发生在本方替补席区域，只有当被替换下场的球员走出挡板以外，替补球员才能进入场地。只有当比赛中断时，受伤球员才能离开场地被替换。

（三）守门员规则

1. 所有守门员必须登记在册。在记录表上，守门员以"G"标识。在一场比赛当中，登记为守门员的不能成为手持球杆的场上队员。如果一支球队的守门员受伤或者被判罚禁赛，可以由场上其他队员代为行使守门员权利，最多有 3min 时间更换守门员装备，但不准做热身活动，同时这位新守门员必须记录在册，以及记录更换的具体时间。

2. 比赛期间，如果守门员完全离开守门员区域，则被认定为是一名不持球杆的场上球员，直至他回到自己的守门员区域位置时恢复守门员身份。完全离开守门员区域是指身体的整体部分离开标志线，但不包括在守门员区域的腾空动作。只要身体任何部位触及守门员区域标志线都可认为仍然在守门员区域。守门员区域包含用于标识的标志线。

（四）球队队长规则

1. 每支球队必须有一名队长，并登记在册。在记录表上，队长以"C"标识。队长只有在因受伤、疾病或者被判罚禁赛的情况下才能更换，并同时记录在比赛记录表上。在同一场比赛当中，被替换的队长不再具有队长权利。

2. 只有球队队长具有与裁判员对话的资格，且有义务协助裁判员，使比赛顺利的进行。队长与裁判员的交流必须建立在竞赛规则允许的范围以内，除非裁判员召唤以及球队官员要求暂停而无法与裁判交流时，被判罚禁赛的球队队长才可以与裁判员进行对话。如果裁判员认为有必要与队长再进行沟通时，这种谈话只可以在通往裁判员休息室的走廊上进行，绝不可以在更衣室里进行。

（五）球队工作人员

每支球队至少有 5 名登记在册的工作人员。没有记录在册的工作人员不许在球员替补区域出现。比赛期间，没有裁判员的允许，球队工作人员不准进入比赛场地，暂停时间除外。所有球队技战术指导必须在本方替补区域进行。比赛开始前，球队工作人员须在记录表上签名确认。比赛开始后，除了球员号码或者具体参与球员数字的纠错以外，任何人不得对记录表进行修改。

（六）裁判

每场比赛场上裁判员为两人，两人具有同等执法权利。按照规则要求，当裁判员认为场上出现明显的危险性因素且影响比赛的继续进行时，有权立即终止比赛。

（七）记录员

比赛中记录员应全程在场。记录员必须保持公正和中立，认真负责做好比赛的各种记录、计时工作，甚至有时还承担播音员的任务。

四、竞赛器材和装备

（一）运动员着装

1. 所有上场球员必须身着短袖、短裤以及齐膝长袜。女运动员身着T恤或连体运动短裙。每支球队必须统一着装，颜色可以任意选着，但上衣不能为灰色。当裁判员认为无法区分双方球衣颜色时，主队有优先选择权。袜子必须拉到膝盖附近，如果主办方有要求，则双方的袜子也要区分颜色。

2. 守门员必须身着专门的守门员装备

3. 所有球员上衣必须有号码标识。上衣必须在前胸和后背以不同大小的阿拉伯数字标识，后背的数字至少200mm高，前胸数字至少70mm高。数字选择范围在1~99之间，但是1号只能守门员专用。如果比赛中场上球员号码与记录表上信息不符，则须对比赛记录表做出修正，并上报主办方。

4. 所有球员必须穿鞋。球鞋应该适用于室内场馆。如果比赛中，球员球鞋脱落，可继续进行比赛直至比赛被中断为止。

（二）裁判员着装

裁判员应身着运动上衣，黑色短裤以及齐膝黑色袜子。同一场比赛中，裁判员着装颜色要统一。

（三）守门员装备

1. 守门员不允许使用球杆。

2. 守门员必须佩戴由国际旱地冰球联合会认证并贴有认证标志的面罩。守门员在球场上必须佩戴面罩，除了绘画以外，不允许对面罩做任何改动。

3. 守门员可以使用任何一种保护装备，但是不包括可以覆盖球门的装备。比赛中也允许使用头盔和手套，严格禁止任何具有黏性或者可以增大摩擦的特殊材料的使用。球门前不准摆放物体。守门员不允许使用大小超过身体的保护装备，例如护肩。

（四）球队队长装备

队长应该佩戴队长袖标。袖标必须佩戴在上臂且清晰可见。普通带子不能作为袖标。如袖标不合适，应通知主办方。

（五）个人装备

运动员不许佩戴可能会引起身体伤害的个人饰品。个人装备包括一些保护性的或者医疗性质的装备，手表，耳环等等。裁判员有权认定哪些个人饰品具有危险性。如果可能，所有保护性装备应被衣服所覆盖。头上除可以佩戴具有弹性，没有结节的发带以外，不得佩戴其他饰品。场上球员禁止佩戴任何形式的长绳状物体。以书面形式向主办方申请并获得批准的个人饰品可以佩戴。

（六）球

比赛用球必须通过国际旱地冰球联合会认证并具有相应标识。球体必须使用不发光的纯色涂抹。

（七）球杆

球杆必须通过国际旱地冰球联合会认证并具有相应标识。除了可以对球杆拍头弧度进行调整以外，不得对拍头形状做任何改动。拍头弧度以拍头立面最高点的中点到拍头与球杆连接处的距离计算。如果拍头是同一个品牌且与球杆相适用，则允许更换拍头，但新拍头应该更坚硬。允许在拍头和球杆连接处缠带子，但不得超过拍头可见部分10mm以上。

（八）裁判员装备

裁判员必须配备塑料的中等型号的哨子、红牌以及检测设备。也可使用主办方认可的其他型号的哨子。

（九）记录员装备

记录员应该准备好与本职工作相关的设备。

（十）装备检查

1. 裁判员对设备的检查负责。检查可以发生在比赛前，也可以发生在比赛进行中。不恰当的装备，包括球杆缺陷、拍头弧度过大等。在比赛前或比赛中，如对方球员对装备有异议，裁判员应对相应装备进行检查。球衣、队长袖标等装备错误所导致的判罚，每场比赛每支球队不超过一次，但是所有装备错误必须记录在册。检查期间，只有被检查的球员以及队长可以站在被检查区域。检查结束，比赛按照上次中断前的状况继续进行。

2. 只有双方队长可以提出对拍头弧度和球杆其他问题进行检查的要求。队长有权向裁判员反映对方球队其他装备不恰当的问题，但由裁判员决定是否采取相应措施。队长可以在任何时候向裁判员反映对方球队球杆不恰当问题，但裁判员只有在比赛中断时才能采取措施。如果是在比赛中断期间进行反映，包括罚点球、进球后，除裁判员认定会影响到对方球队从而将检查放在比赛下一次中断期间外，裁判员应立即采取相应措施。在队长的要求下，裁判员有义务检查球杆、拍头的弧度。但是每支球队每次比赛中断期间只有一次机会。检查期间，只有被检查的球员以及队长可以站在被检查区域。检查结束，比赛按照上次中断前的状况继续进行。

五、固定点发球

（一）固定点发球的一般原则

1. 比赛如果被中断，则承接中断前的状况重新发球。固定点发球为开球、间接任意球、直接任意球以及点球等情况。

2. 裁判员使用一个信号、手势来标识发球地点。在信号发出后，只有当球处于固定发球点，保持静止状态时，才能开始发球。裁判员首先鸣哨示意比赛中断，然后做出明显手势，最后出示相应警示牌。只有当有必要时才需出示警示牌，通常是球员受罚或者判罚点球时才出示警示牌。在发任意球和间接任意球时，如果裁判员认为比赛不会受到影响，则可以在球没有完全静止或者没有完全处于固定发球点的情况下发球。

3. 在固定点发球时，不得故意拖延比赛时间。裁判员自行认定故意拖延比赛的行为，如果有故意拖延比赛时间的行为，裁判员须在发球前对相应行为进行警告。

（二）争球

1. 在比赛开始、进球后，双方应该回到球场中点进行争球。加时赛进球后、决定整场比赛结果的点球判罚后或者比赛最后时刻进球后不必进行争球。争球时，双方队员必须处于各自半场。

2. 当比赛被中断，且双方球队都不享有直接任意球、间接任意球或者点球的权利时，则在中点开始重新争球。

3. 当比赛被中断后重新开始，则应该在比赛中断前离球最近的固定发球点开始争球。

4. 争球时，除了争球球员以外，其他球员必须立即退出离球最少3m的距离（包括球杆），不得与裁判员争论。裁判员有义务在争球前确认双方球队的准备情况，只有在双方都准备好的情况下才能鸣哨开始。

5.争球由双方各一名球员执行，争球时互相面对对方球场方向，在争球前不得有身体接触。双脚与中线垂直，双方脚步离开中线同等距离，双手保持正常握杆状态，握在球杆手柄位置，不得超过手柄，拍头放在球的两侧，与中线垂直，保持与对方拍头同等距离，球处于两支拍头中间，但不得触球，正常握杆状态是指球员平时打球时的握杆姿势。防守方选择拍头的摆放位置。如果是在中场争球，则由客队选择拍头摆放位置。如果争球球员不听从裁判员的安排，则由场上另外一名球员替换其进行争球。

6.争球可以直接导致进球。

（三）导致争球的行为

1.当球正常受损时。

2.当球不适合比赛时。在中断比赛前，裁判员应该给球员足够的机会打球。

3.当挡板部分分离，而球恰好靠近出现问题的挡板附近。

4.当球门正常移动且没有足够的时间恢复原位时。通常情况下，守门员有义务尽快将球门恢复原位。

5.当比赛中出现严重的球员伤害事故或者球员伤势会直接影响到比赛的进行。裁判员负责判断球员伤势状况是否会影响到比赛，但只要怀疑球员的伤势足以影响到比赛，可以立即暂停比赛。

6.比赛中出现意外状况。裁判员负责判断哪种情况可以认定为意外状况，包括场外人员冲进球场、其他物体掉进场内、灯光部分或者全部熄灭、场外干扰的终场哨音或者当裁判被球击打到并对比赛产生明显影响。

7.进球无效时，且没有任何可能造成任意球的犯规发生。比如球没有通过球门线进入球门。

8. 罚点球时球没有进，包括罚点球时的不当行为。

9. 与比赛无关的判罚，但规则不允许的行为，包括被禁赛的球员在禁赛时间未满时进入场内。

10. 当裁判无法决定由哪方发球，包括双方同时承认犯规。

11. 当裁判员的判罚被认为是不合理时。

（四）界外球

1. 当球飞出挡板，由非犯规球队发界外球。在球飞出挡板前最后接触到球的球员或者球员装备的球队被认为是犯规方。这种情况包括当一名球员试图从球门中把球拿出时，没有碰到球而碰到了球网。

2. 间接任意球须离开挡板 1.5m。所有间接任意球必须在球门线假想延长线以上。如果不影响比赛的正常进行，在裁判员的许可下，发球时不必等球完全静止或者完全处于固定发球点上。只要有利于发球方，发球时球与挡板之间的距离少于 1.5m 也被允许。所有从球门线假想延长线上飞出挡板的界外球必须在离球飞出点最近的固定争球点开始发球。当球碰到天花板或者挡板上的物体时，必须在中线离挡板 1.5m 处发界外球。

3. 发界外球时，防守队员必须退出 3m（包括球杆），不得与裁判员争辩。界外球发球时不必等防守队员站好位即可发球。但是当防守队员正在裁判的指挥下或自行以合理的方式站位时不得进行发球。

4. 必须用球杆发球，发球时必须清晰击打，不准用杆挑球、拖球和弹球。

5. 在球碰到其他球员或者其他球员的球杆之前，发球队员不得再次触碰球。

6. 界外球可以直接导致进球。

（五）导致界外球的行为

当球直接飞出挡板、击中天花板或者击中挡板上的物体时即可判定为界外球。

（六）直接任意球

1. 当一方球队犯规行为导致裁判判罚直接任意球，则由对方球队来主罚直接任意球。直接任意球适用于有利原则条款，即当一方球队犯规导致直接任意球，而被犯规方球队正在控制球，且局势比发直接任意球更为有利，裁判可以不判罚，让比赛继续进行。一旦被犯规方失去对球的控制，裁判可以再进行判罚，发球点仍然在先前犯规的地点。

2. 直接任意球在犯规地点进行发球，当必须在球门线假想延长线以上或者离开守门员区域最少 3.5m。如果裁判员认为不会影响比赛的进程，则不必等球完全静止或者完全处于制定发球点上即可开始发球。直接任意球的发球点必须离开挡板距离 1.5m 以上。如果犯规发生在球门假想延长线以下位置，则在距离犯规地点最近的固定发球点进行发球。如果犯规发生地点离守门员区域距离少于 3.5m，则从球门线的中点到犯规发生地点的直线距离 3.5m 处开始发直接任意球，其中防守队员离开发球点 3m 距离。防守球队有权立即在球门前组成人墙进行防守。如果进攻方阻止或破坏人墙，则直接任意球的发球权转交给防守方。进攻方没有义务等待防守球队摆好防守阵型，并且有权指派本方球员参与到对方防守阵型中。

3. 发直接任意球时，防守方必须立即退出离球 3m 的距离（包括球杆），摆好防守阵型，不得与裁判员争辩。进攻方发直接任意球时不必等防守队员站好位即可发球。但是当防守队员正在裁判的指挥下或自行以合理的方式站位时不得进行发球。

4.必须用球杆发球，发球时必须清晰击打，不准用杆挑球、拖球和弹球。

5.在球碰到其他球员或者其他球员的球杆之前，发球队员不得再次触碰球。

6.直接任意球可以直接导致进球。

（七）导致直接任意球的犯规行为

1.当球员用球杆击打、阻挡、挑、钩对方球员的球杆以及压住对手或对手球杆。如果裁判员认为球员在击打到对方球员球杆之前，先触碰到球，则不需判罚。

2.当球员向后挥杆，在触碰到球之前，或者当球员向前挥杆，在击到球之后，拍头高度超过腰部位置。如果附近没有球员，或没有造成伤害的可能性时，挥杆高度不限。此处腰部高度是指球员完全站立时，从地板到腰部的距离。

3.当球员使用球杆的任何部位或脚部去击打或者试图击打超过膝盖高度的球。如果不是危险性动作，用大腿停球不算超过膝盖高度。此处膝盖高度是指球员完全站立时，从地板到膝盖的距离。

4.当场上球员将球杆、脚或腿放入对方球员的两腿或两脚之间。

5.当球员试图控制球或触碰到球时，除正常冲撞以外，使用暴力压迫或推搡对方球员。

6.当球员试图控制球或触碰到球、或争夺更有利的位置，从背后阻挡或正面故意阻挡对方球员的移动。包括在守门员区域，发直接任意球时，进攻方妨碍或阻挡防守方组成防守阵型的行为。

7.在其他球员身体部位或者球杆触碰到球之前，球员用脚连续触碰球两次。只有当裁判员认定球员故意连续两次用脚触碰球时，此种行为才可判定为犯规。

8.当球员接到来之本方球队球员的脚传球。只有当裁判员认定球员故意用脚传球给本方队员，此种行为才可判定为犯规。如果用脚传球的过程中，防守方可以将球控制住，却没能控制，此种行为不构成犯规。用脚传球给守门员不是一种进球行为，不会导致点球判罚。

9.当球员故意移动对方球门时。

10.当球员进入守门员区域时。如果比赛不受影响，守门员不受干扰则允许球员快速通过区域。如果在发直接任意球时，进攻方直接射门，飞向球门方向，有防守球员挡在球门前、守门员区域或球门被移动，防守方将被判罚点球。球员身体的任何部位只要进守门员区域，则被认为是进入守门员区域。允许球员在身体未触及而球杆进入守门员区域。守门员区域包括标志线。

11.当球员被动阻挡到守门员的发球。只有当球员在守门员区域或者离守门员的距离少于3m（从守门员持球位置开始测量），这种阻挡才被认为是犯规行为。被动行为是指非故意或试图躲避守门员的发球。

12.当球员跳起试图停球时。跳起是指双脚完全离地，球员跑动时不包括在内。如果没有接触到球，则允许双脚离地。

13.当球员在球场外击球。球场外击球是指单脚或双脚站在球场外。如果替补球员在替换过程中在场外击球则被认定为多人参赛。如果球员在非正常替换过程中场外击球则被认定为故意破坏比赛。比赛中允许球员冲出球场，但球不得出界。

14.守门员在发球时身体完全离开守门员区域。此种情况下，守门员不能被认为是场上无球杆球员。当守门员身体任何部位都没有接触到守门员区域时，即可认定为完全离开守门员区域。守门员发球动作完全结束，球完全离开身体，则不适用此条款。守门员在守门员区域接住球的同时，如果整个身体部分滑出守门员区域也被认定为适用此条款。守门员区域的标志线也包含在守门员区域之内。

15. 守门员扔球或踢球时，球超过中线。只有当球在接触到地板、挡板、其他球员或者其他球员的装备之前超越中线，且球的整体部分超过中线才可认定为犯规。

16. 在争球、发界外球、直接任意球违例或者故意拖延比赛。如果在非犯规方拿球过程中，犯规方球员故意使用球杆拖、挑或弹拨球，即可认定为犯规。发球时，球没有完全静止或者摆放的位置不对，可以重新发球。如果裁判员认为对比赛没有什么影响，则不必等球完全静止或摆放在正确的位置上即可发球。

17. 守门员连续持球时间超过 3 s。如果守门员把球放在地上，又捡起来，再放在地上，又捡起来，不断重复这种动作，可被认定为连续持球。

18. 守门员接本方球员的回传球。只有当裁判员认定这种传球是故意的才适用此条款。守门员接球动作包括用手或手臂，也包括用身体的任何部位接触球。守门员完全离开守门员区域时，则变为无球杆球员，可以接队友的回传球。当守门员在守门员区域接到队友的传球，把球带到守门员区域内，再捡起球时不适用此条款。把球回传给守门员不是一种射门行为，因此不会被判罚点球。

19. 球员的犯规行为被认为与比赛相关且受到相应的判罚。

20. 球员拖延比赛。当球员为故意拖延比赛，以倚靠在挡板或者球门附近，或者类似的行为方式阻止对方球员正常拿球。

（八）点球

1. 一方球队的犯规行为被认定为必须判罚点球时，由非犯规方进行罚球。如果点球判罚发生在延迟判罚期间或由其他犯规行为导致的判罚，相关判罚依然适用。

2. 罚点球必须从中点开始。

3. 罚点球期间，除了守门员和主罚球员以外，其他人必须待在替补席区域。罚球开始时，守门员必须站在球门线上。守门员不可被场上球员替换。罚球期间，如果守门员犯规，则追加判罚点球；如果防守方犯规，也将被追加判罚点球，此种行为被认为是如果破坏比赛。

4. 罚点球过程中，球员可以无限制触碰球，但必须保证球一直处于向前滚动的方向。一旦守门员触碰到球，罚点球队员不得再触碰球。罚点球期间，比赛暂停计时。向前运动以中线为起点，向对方球门方向运动。如果球先击中球门杠，弹到守门员身上，再飞过球门线，进入球门，则进球有效。如果在罚球的最初始阶段，球往后滚动，则立即中断罚球，重新开始罚球。

5. 只有当点球判罚没有产生进球时，犯规行为导致点球且被判罚禁赛2min的球员才会被记录在册。罚点球期间，犯规且被判罚禁赛的球员必须待在判罚区。

（九）延迟点球判罚。

1. 犯规发生后，当被犯规方球队仍然控制球权，比赛可以继续进行。延迟判罚或者其他犯规所引起的判罚期间，可以延迟进行点球判罚。

2. 延迟点球判罚意味着，在失去球权之前，被犯规方可以继续进攻。延迟点球判罚必须在整场比赛结束或一节比赛结束后进行。如果在延迟点球判罚期间，被犯规方取得进球，则进球有效，取消点球判罚。

（十）导致点球判罚的行为

由于防守队员犯规导致任意球或判罚禁赛，同时此种行为阻断或妨碍了进攻方势在必得的球的运动路线。由裁判员来认定何种进球为势在必得的球。在守门员区域的犯规不会都导致判罚点球。在进球过程中，防守队员故意移动球门或故意进行多人比赛，将被判罚点球。当进攻方球员发任意球时，球直接飞向球门，而防守方球员处在守门员区域、球门里或者球门被移开原始位置，此种情况，防守方将被判罚点球。

六、判罚

（一）判罚的一般原则

1. 当一名球员的行为被确认为犯规时，应该进行判罚。当裁判无法确认犯规队员，或者犯规行为由球队官员所引起。由犯规方球队队长选择一名没有犯规记录的球员领受判罚。如果队长拒绝或者队长已经被判罚下场时，裁判员自行指定一名犯规方球员领受判罚。犯规时具体时间、球员号码、犯规类型以及判罚理由必须记录在册。如果判罚是由和比赛相关的犯规行为引起的，则被犯规方获得任意球。如果判罚是由和比赛无关的犯规行为引起，比赛由双方争球重新开始。如果犯规行为发生在比赛中断期间，比赛延续中断前的状况继续重新开始。除非裁判员主动与受罚球队队长沟通，否则该球队队长没有权利和裁判员进行沟通。

2. 在整个受罚期间，受罚球员必须待在受罚区域。比赛结束时，所有受罚自动终止。常规比赛时间结束时，受罚球员的的受罚时间还没有结束，则自动延续到加时赛。受罚球员必须坐在本方球队所在位置的同侧，当记录台和受罚区域与球员替补席在挡板的同侧时除外。常规比赛时间内，比赛间歇，受罚球员可以离开受罚区域。在常规比赛结束到加时赛之间这段间隙，受罚球员不准离开受罚区域。受罚球员不准参与球队比赛暂停期间的任何活动。受罚时间截止，受罚球员必须立即离开受罚区域，除非整支球队仍然有处于受罚期或受罚时间到期的只是一个人。守门员受罚解禁后，不得立即上场，直到比赛中断时才可上场。受罚球员因伤不能出战，可由场上另外一名没有被判罚禁赛的本方球员代替进入受罚区接受处罚。这两名球员都必须同时被记录在册，明确接受处罚球员人数。如果受罚时间结束，受伤球员进球场地，则另一位球员将被直接判罚整场比赛禁赛。如果在常规比赛期间，记录员发现受罚球员过早进入场地参加比赛，则该名球员必须再次进受罚区，继续完成余下受罚时间。在常规受罚时间到期后，受罚球员不会再被追加受罚时间，而应返回球场继续参加比赛。

3.如果守门员受到禁赛1~2min的判罚时，本方队长可以挑选一名没有受罚的球员顶替守门员领受判罚。如果守门员被判罚禁赛5min或者明确是个人判罚，则必须由自己领受判罚。如果守门员被判罚禁赛，而替补门将不能出场时，每支球队可以有3min准备时间，由场上本方球员代替门将出场，这3min不包括热身时间。新门将以及替换时间必须记录在册。受罚时间结束，受罚守门员不可立即进入场地，必须等比赛中断时才可进入场地。

4.球员受罚禁赛时间与比赛时间同步计算。

（二）短时禁赛

1.由于被判罚禁赛的球员不可替换性，判罚禁赛的行为将影响到整支球队的发挥。

2.一名球员不能同时领受两次禁赛的判罚，一支球队不可同时领受两名球员禁赛的判罚。所有禁赛的判罚必须按先后次序记录在册，没有记录的受罚球员，必须从受罚一开始就待在受罚区。如果一支球队有球员领受到禁赛的判罚，且正在受罚区执行判罚的同时，又有球员被判罚禁赛，球队队长可以选择执行判罚的先后顺序，通常情况下，以判罚禁赛时间短的球员为优先执行对象。

3. 如果一支球队有超过两名以上的球员被判罚禁赛，且正在受罚区域执行判罚时，允许场上球队保留四名球员。一支球队可以一直保留四名球员直至受罚区只剩一名球员在执行判罚。在此之前，球员解禁后不得立即上场，必须等比赛中断后才能重新上场。所有解禁球员必须按照先后顺序离开受罚区域。在球员被判罚禁赛期间，必须随时关注场上球员人数。在比赛中断之后，裁判员或记录员必须帮助解禁球员尽快进入场地参加比赛。

4. 如果球员造成一次被判罚禁赛的犯规之后，继续出现犯规行为，则两次犯规可以叠加进行处罚，即按先后顺序进行处罚。不管第一次判罚是否生效，都适用此条款。如果球员已经开始执行判罚，同一名球员继续有犯规行为，第一次判罚不受影响，继续执行。所谓连续受罚是指第一次判罚执行结束后，继续开始执行下一个犯规的判罚。如果同时有其他队友被判罚禁赛，且还未执行，则其他队友优先执行判罚。同一名队员被判罚禁赛次数不限，如果同一队员有多次被罚禁赛的判罚时，在执行其他个人判罚之前，必须完成先前所有领受的禁赛判罚。

（三）禁赛 2min

1. 当球员在执行禁赛 2min 判罚时，一旦对方球队取得进球，则该球员的判罚立即结束，可以解禁出场。当对方球队人数少于本方球队或与本方球队人数相等时，不能解禁。如果在延时判罚或者点球判罚得分的话，受罚队员仍将继续执行判罚，不适用此条款。当球员领受5 min禁赛的判罚时不适用此条款。

2.如果一支球队有多人被判罚禁赛2 min，必须按照先后顺序解禁重新上场。

（四）延迟判罚

1.所有判罚都可以延迟执行。当一方犯规，而非犯规方仍然控制着球，此时可以进行延迟判罚。除了即将取得进球时，每次只能延迟一个判罚。

2.享有继续进攻的机会。在延迟判罚期间，允许非犯规方用本方场上球员替换本方守门员，并且享有继续进攻的权利。在一节比赛或者整场比赛结束后仍然可以执行延迟判罚。如果在执行延迟判罚之前，由犯规方获得并控制球权，则由双方争球继续开始比赛。非犯规方可以利用延迟判罚进行连续进攻。如果裁判员认定球队有意在拖延时间，可以对球员进行警告，并记录在册。如果警告以后，球队仍然没有开始进攻，裁判员可以中断比赛，双方争球继续开始比赛。如果由于其他原因引起的比赛中断，此时执行完延迟判罚后，根据引起比赛中断的原因继续开始比赛。如果执行延迟判罚期间，非犯规方正常得分，进球有效，而犯规方此前领受的禁赛2min的判罚亦自动中止。其他判罚不受影响。如果在执行延迟判罚期间，犯规方取得进球，则进球无效，双方争球重新开始比赛。如果是非犯规方的乌龙球，则进球有效。

（五）导致2min禁赛的行为

1.为了获取更大优势或者在够不到球的情况下，球员击打、阻挡、挑起、踢对手的球杆或者抱住对手或者对手的球杆。

2.击球时，球杆的任何部分或者脚超过了腰部的高度。

腰部高度是指完全站立时，从地板到腰部的高度。

3.球员使用球杆出现危险性动作。包括向前或向后挥动毫无控制的挥动球杆。举杆超过对手的头部位置，造成相当危险性或阻碍到对手。

4.球员强迫或推搡对手至挡板或球门。

5.球员故意阻挡或绊倒对手。

6.球队队长要求检查对手球杆拍头的弧度或球杆和拍头黏合的合理性，而球杆被证实没有任何问题。该名队长领受判罚。

7.场上球员没有携带球杆。不包括守门员，以及守门员在临时成为场上球员之时。

8.球员从其他地方拿球杆，而非本方球队替补席。

9.球员没有将捡起已破损球杆并将它带出球场，放在本方球队替补席。球杆破损必须清晰可见。

10.球员故意移动阻止对方无球队员的跑动。如果球员试图跑动到对方球员的背后以获得更好的位置，或防止对方球员按既定路线跑动，则只能被判罚任意球。

11.球员意图阻挡守门员发球。当防守球员在对方守门员区域或与守门员控制球时的距离少于3m时，适用此条款。意图是指跟随着守门员旁边或试图用杆去触球。

12.发界外球或任意球时，球员违反离开3m原则。当防守队员正在准备防守阵型，对方开始发球不适用此条款。当防守方形成防守阵型距离不对时，只能一名球员领受判罚。

13.球员躺下或坐下时停球或击球。停球或击球时双膝或单手着地使用此条款，握杆手除外。

14.球员用手、手臂或者头部停球。

15.替换球员不符合规定。替补球员在被替换球员还没有走出挡板以外就进入场地。如果此种行为影响到比赛的进行，则必须进行判罚。比赛中断时，没有在本方球队替补区域进行换人也将被判罚。先进入场地的替补球员领受判罚。

16.一方球队场上出现超过比赛规定上场人数。此种情况下，只有一人领受判罚。

17.受罚球员在执行判罚期间，虽然没有进入场地，但离开了受罚区域。受罚时间截止，受罚球员拒绝离开受罚区域。执行判罚期间，在比赛中断时进入场地。如果球队有多项判罚或者受罚时间截止的只是一个球员，记录员应该尽可能告知裁判员，不得让球员离开受罚区域。在比赛中断之间，即使守门员受罚时间已截止也不能上场。

18.球员不断重复导致任意球判罚的犯规行为。此条款适用短时和长时禁赛的判罚。

19.球队通过有组织的不断重复导致任意球判罚的犯规行为扰乱比赛。包括在短时间内，产生许多小犯规。最后一名犯规的球员领受判罚。

20.球员故意拖延比赛。包括比赛中断时，犯规方球员故意怠工或者把球拿走、故意把球打向挡板、球门甚至故意破坏球。

21.球队有组织的故意拖延比赛。裁判员认为球队故意拖延比赛的行为应该受到判罚，必须先通知球队队长，由队长来挑选一名没有个人判罚在身的队员来执行判罚。当防守方球员故意移动本方球门时也适用此条款。

22.球员或者球队工作人员不服从裁判判罚。教练员以不恰当或者干扰比赛的方式对场上球员进行指挥。包括球队队长不停的毫无理由的质问裁判。抗议裁判员的判罚以及以干扰比赛的方式指挥比赛被认为是一种没有体育职业道德的行为。球队工作人员没有获得裁判员的许可进入比赛场地也适用此条款。如果可能在话，在判罚之前，裁判员应该事先告知球队工作人员。

23.守门员不听从裁判员指示，没将球门恢复到原始位置。只要有机会，将移动过的球门恢复到原始位置是守门员的职责。

24.场上球员不听从裁判员指示，没有按要求将个人装备或器材整理好。

25.球员着装不规范。由着装引起的判罚每场比赛每支球队只能判罚一次。所有其他着装不规范，例如队长袖标或胸标遗失将告之主办方。如果可能，裁判员在进行判罚之前，须提前告之犯规球员。

26.比赛中，守门员着装不规范。如果比赛中，守门员无意中面罩脱落，应该中断比赛，等守门员戴好面罩，重新争球继续开始比赛。

27.球员通过犯规故意阻挡对方球员的进球或势在必进的球。而此种犯规行为通常情况下会被判罚任意球。

（六）禁赛5min。

执行判罚禁赛5min过程中，如果对方进球得分，处罚不会终止。如果判罚禁赛5min的同时，还被处以点球或者延迟点球判罚时，也适用点球判罚的相关条款。

（七）导致判罚禁赛5min的行为

1.球员使用球杆做出危险或者暴力动作。包括球员在对手头上挥舞球杆并击中对手头部。

2.球员使用球杆钩住对手的身体。

3.球员在场地上扔出球杆或其他器材去击打或者试图击打球杆。

4.球员直接冲向对手或采用其他暴力行为攻击对手。

5.球员使用勾脚、绊脚、冲撞等行为将对手撞向挡板或球门。

6. 球员连续犯规，每次犯规都导致禁赛 2min 的判罚。连续犯规的行为应该类似，此时禁赛 5min 判罚替代禁赛 2min 的判罚。

（八）个人处罚

1. 只有当个人被判罚禁赛时才适用个人处罚，且只有在被禁赛 5min 或 10min 期满后才能应用个人处罚。一名球员可以同时被处以多种形式的判罚。如果一名球员正处于个人处罚期，但是有造成新的犯规被判罚短期禁赛，则必须在短期禁赛结束后继续执行原有的个人处罚。

2. 个人处罚只适用于个人，而不会对整个球队产生影响，因为在受罚期，受罚队员可以被替换。受罚队员不可在受罚结束后直接进入场地，必须等比赛中断时，才可以重新进入球场。裁判有权将球队工作人员罚出内场，使其在比赛的剩余时间只可以呆在观众席进行观赛。而此时，队长挑选场上没有个人犯规行为的队员到受罚区域完成短时禁赛的判罚。

（九）10min 个人禁赛

执行个人 10min 判罚期间，对方球队进球得分，判罚不中断。

（十）导致 2min 禁赛外加 10min 个人禁赛的判罚

当球员或球队其他成员出现违反体育道德的行为。违反体育道德的行为包括：侮辱或使用不公正的手段对付裁判员、球员、球队工作人员、赛事官员、观众或者任何故意欺骗裁判的模仿行为。如果踢、击打或者掀翻挡板或球门。场上扔球杆或其他器材，即使是在比赛中断期间或在替补席区域。

（十一）全场禁赛

1. 球员或球队工作人员被判罚全场禁赛时必须立即离开场地去更衣室，不准再参加剩余时间的比赛。赛事主办方确保受罚球员直接走向更衣室，在比赛剩余时间内（包括加时赛、点球决胜负）不准返回场地或待在观众席。所有全场禁赛人员名单必须记录在册。球员或者球队工作人员每场比赛只能判罚一次全场禁赛，犯规球员没有记录在案除外。赛前或赛后，会被判罚全场禁赛的犯规行为必须记录在案，但是不会再被判罚局部禁赛。如果球员在赛前着装不规范（比赛正式开始之前已纠正的除外），也将导致被判罚全场禁赛（包括加时赛、点球决胜负）。

2. 全场禁赛必然伴 5min 短时禁赛。除被全场禁赛的队员以外，犯规方队长必须挑选一名没有受判罚的本方球员进入禁赛区域执行 5min 短时禁赛以及由队员或球队工作人员因犯规被全场禁赛而引起的其他短时禁赛判罚。全场禁赛队员必须记录在案。如果球员被判全场禁赛则个人所受其他判罚自动终止。如果禁赛期间，该名球员又有严重犯规行为也将被记录在案。

（十二）全场禁赛的三种类型

1. 全场禁赛类型一

将导致球员不能参加余下时间的比赛，不会有更进一步的判罚。

2. 导致全场禁赛类型一的行为。

（1）球员使用没有国际旱地冰球联合会认证的球杆、球杆拍头和手柄分属不同的品牌或者拍头弧度太大。守门员使用不规范的面罩。没有通过认证的球杆将始终被认为是不符合规范的球杆。

（2）比赛秩序册上登记的球员或者球队工作人员参与到比赛当中。

（3）被安排短时禁赛并进入禁赛区域执行判罚的球员在禁赛时间还未到时进入场地参加比赛。

（4）球员持续出现不符合体育道德的行为。通常情况下，第一次出现不符合体育道德的行为时，将被判罚 2min 短时禁赛加个人 10min 禁赛。第二次出现上述行为，则将被判全场禁赛外加 5min 禁赛。此条款的持续是指在同一场比赛中第二次出现同样不符合体育道德的行为。

（5）球员因愤怒敲打球杆或其他器材。

（6）球员出现严重暴力行为。包括故意的、挑衅性的危险、暴力或者其他不符合体育道德的行为。

3.全场禁赛类型二

全场禁赛二将导致同一个赛事中剩下的所有比赛都不能参加。

4.导致全场禁赛类型二的行为

（1）球员或者球队工作人员参与斗殴。包括互相之间的推搡、劝架，即使没有拳打脚踢。

（2）在同一场比赛中，连续出现两次导致 5min 禁赛判罚的行为。此种情况，该球员被全场禁赛同时追加球队 5min 短时禁赛的判罚。

（3）球员工作人员持续出现违反体育道德的行为。此种情况，全场禁赛代替球队 2min 短时禁赛外加 10min 个人禁赛的判罚，同时追加球队 5min 短时禁赛判罚。

（4）当球员使用的器材不符合规定将被处罚之前，试图进行纠正或者更换器材的行为。

（5）球员或球队工作人员有明显干扰比赛的行为。球员在个人禁赛期满之前意图进入比赛场地，如果在比赛间歇进入比赛场地，追加2min短时禁赛判罚。个人禁赛期间，如果是记录员的失误造成球员在禁赛期未满过早进入比赛，且错误已被及时发现，此时，球员应继续回到禁赛区域执行剩下的判罚，但不会再被追加判罚。如果记录员发现错误时，球员禁赛期已满，则不再执行任何判罚。如果球员禁赛期已满，在场上球员人数已满，没有等待比赛中断时情况下，仍然进入比赛场地则会被判定为多人比赛违例。点球判罚期间，双方球队替补席区域发生犯规行为。比赛期间，球员从替补席往场地上扔东西。球员没有通过正常换人程序进入场地。在同一场比赛中，球员承担守门员职责之后，又作为普通球员参加比赛。球队故意多人留在球场上参加比赛。

（6）球员故意使用有缺陷的球杆或者使用加长、加粗的球杆。

5. 全场禁赛类型三

全场禁赛三将导致同一个赛事中剩下的所有比赛都不能参加。而且还将接受主办方更严厉的追加处罚。

6. 导致全场禁赛类型三的行为

（1）球员或球队工作人员参与打架斗殴。一旦球员有出拳或出脚的行为即可认定为参与打架斗殴。

（2）球员或球队工作人员出现野蛮行为。包括朝对方扔球杆、器材等。

（3）球员或球队工作人员行为粗鲁无礼。包括用言语侮辱裁判员、球员、球员工作人员、官员或者观众等。

（4）球员或球队工作人员出现暴力行为。包括故意伤害对方等。

7. 与点球相关的判罚

当对方罚点球过程中，球员再次犯规并导致月2min短时禁赛的判罚时，如果对方进球得分，则2min短时禁赛判罚终止。延迟点球判罚也适用此条款。如果在延迟点球判罚期间，犯规方球队再次犯规又被判罚点球，此判罚依然有效。如果由于守门员犯规导致点球判罚被中断，则犯规方球队将被追加判罚新的点球。犯规方被判罚点球或者延迟点球并且被追加判罚5min短时禁赛时，如果取得进球，则原有的2min短时禁赛判罚自动终止。

七、进球

（一）有效进球

1. 通过正确途径取得的进球都被认为有效进球，进球后双方在中场争球重新开始比赛。进球时间、进球数、进球球员以及助攻球员都要记录在册。加时赛或者延迟点球判罚取得进球无需从中场争球，但必须等两名裁判员同时鸣哨指向中场争球点示意进球有效后才被认为有效得分，进球同样必须记录在册。

2. 中场争球后取得的有效进球不可更改。如果裁判员确认进球无效，必须记录在册。

（二）有效得分

1. 球员使用球杆通过正确的方式击打球，使球的整体部分从前方越过对方球门线，并且在此过程中，进攻方球队无任何犯规行为，此时的进球算有效得分。包括当球飞过球门线且在球门线与球门顶端假想线之间时，防守方故意移动球门，此时算有效得分；球员把球打进本方球队球门，即乌龙球，此时对方有效得分；乌龙球可以是通过球杆也可以是通过球员身体。如果在延迟判罚期间，非犯规方产生乌龙球，进球依然有效。乌龙球在记录册上标记为OG。

2.防守球员用球杆或者身体阻挡球时，球的整体部分已经越过球门线或者在球的整体部分越过球门之前，进攻队员无意识的用身体触碰到球，并且没有任何犯规行为，此时，得分有效。如果在球的整体部分越过球门线之前，进攻方球员用脚故意踢球，则得分无效。如果球员使用不符合规范的球杆将球打进球门，且在球的整体部分已经越过球门线以后才被发现，进球得分依然有效。

3.没有在比赛中注册的球员或者身着错误球衣号码的球员参与到进球得分过程当中，包括进球和助攻。

（三）无效得分

1.进球前，进攻方球员犯规。包括进攻方场上人数超过规定要求或者禁赛球员仍然在场上，以及进攻方球员故意移动对方球队的球门等行为。

2.进攻方球员在球越过对方球门线之前故意使用身体的任何部位协助进球。即使没有犯规，比赛也应该从中场争球重新开始。

3.在裁判员示意比赛结束之间或之后取得的进球。只要裁判员终场哨音响起，比赛立即结束。

4.球从球门的正前方过来，整体部分没有完全越过球门线。

5.守门员直接将球抛进或者踢进对方球门。由于这种行为不犯规，双方将从中场争球重新开始比赛。比赛中，在球越过球门线之前，必须先触碰到另外一名球员或者球员的装备。

6.在球触碰到其他球员或者球员的装备之后，进攻队员故意用脚踢球，将球踢进对方球门。

7.延迟判罚期间，犯规方取得进球得分。应该是先执行判罚，然后比赛从中场争球重新开始。

8.球碰到裁判员再弹进球门。

七、具有旱地冰球特点的规则详解

（一）换人

在每场比赛中，各队可以根据国际旱地冰球联合会、各洲际联合会或国家协会的正式比赛规则使用替补球员。比赛中，换人次数不限。替换下场的队员可以重新上场替补其他队员，上场的时间不限，可以在比赛进行中获死球状态下随时进行替换，但必须遵守以下规则：

1. 被替换的球员必须从本方球队的换人区离场。

2. 上场的球员也必须从本方球员的换人区进场，且必须在离场队员完全走出线后才可以进场。

3. 替补队员无论上场与否，裁判员均有权对其进行判罚。

4. 当替补球员踏入场地，即完成了替补程序，从此刻起，替补球员成为场上球员。守门员不可以与场上队员更换位置。

（二）裁判员

旱地冰球每场比赛场上有两名裁判员，两人具有同等的执法权力，其具体职权和指责如下：

1. 对犯规队员根据情节进行相应的判罚或驱逐出场。

2. 对行为不当的球队官员进行管理，如果必要可以将其赶出比赛场地和周围区域。

3. 确保未经允许的人员不进入球场。

4. 记录比赛的有关情况，在比赛结束后提交有关部门。

（三）罚点球

旱地冰球进行点球判罚的执行时，球员带球从中点运向对方球门，在球超越对方守门员小禁区延长线之前的任何位置都可以进行射门，但必须保证球始终保持向前滚动，如球出现往回滚动的现象时，则判罚立即失效，罚球结束。

（四）比赛开始和重新开始

1. 开场前通过投掷钱币，由猜中的球队选择进攻方向。

2. 开球是由双方在中点争球开始决定球权，一般比赛开始、进球后在中点争

图7-2-3

球，如死球、裁判无法判断球的出界是由哪方球队引起的则在离球出界的最近争球点开始争球。争球姿势如图7-2-3所示，双方球员面对面，双脚平行，拍球分别置于球的两侧同等距离处。裁判员鸣哨前双方球员保持静止鸣哨后，即可开始争球。

八、裁判员手势

1. 比赛暂停（图7-2-4）

双掌交叉，一只手指向另一只手掌心，成90°。

2. 争球

前臂相距一定距离，保持平行，掌心向下（图7-2-5）。

图7-2-4　比赛暂停　　　　　　图7-2-5　争球

3.任意球

手臂平举，掌心向下，指向发球方向（图7-2-6）。

图7-2-6 任意球　　　　　　　图7-2-7 有利球

4.有利球

手臂指向有利方，掌心朝前（图7-2-7）。

5.点球（图7-2-8）

双手握拳在头顶上交叉，掌心朝前。

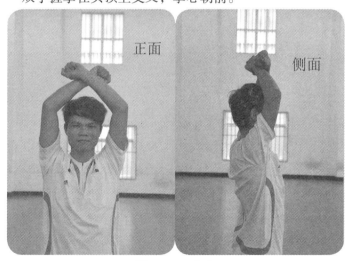

正面

侧面

图7-2-8 点球

6.延迟判罚/延迟点球判罚

手臂伸直上举，掌心朝前（图7-2-9）。

7.2 min禁赛（图7-2-10）

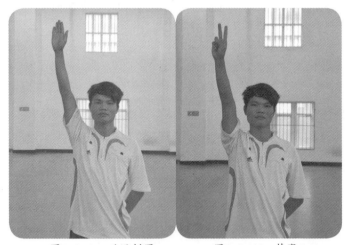

图7-2-9　延迟判罚　　　　　图7-2-10　禁赛2min

8.红牌罚下/全场禁赛（图7-2-11）

红色

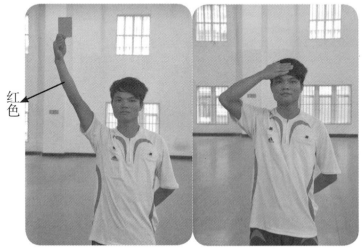

图7-2-11　全场禁赛　　　　　图7-2-12　头球

9. 头球（图 7-2-12）

10. 进球

手臂伸直指向中场发球点，掌心朝下（7-2-13）。

图7-2-13　进球得分　　　　　图7-2-14　进球无效

11. 比赛继续/进球无效

手臂水平张开，掌心朝下（图7-2-14）。

12. 击打球杆（图7-2-15）

图 7-2-15　敲击球杆　　　　　图 7-2-16　钩杆

13. 钩住对手球杆（图7-2-16）

14. 高杆（图7-2-17）

图 7-2-17　高杆

图 7-2-18　不当胯下行为

15. 将球杆、腿或脚伸入对手两腿之间（图7-2-18）

16. 钩人

使用球杆钩住对手身体任意部位（图 7-2-19）。

17. 推人（图 7-2-20）

图7-2-19　钩人　　　　　　图7-2-20　推人

18 不正当倚靠对手

双手握拳成杯状，掌心朝上，前臂向后做回拉动作（图7-2-21）。

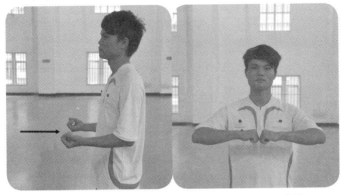

图7-2-21　不正当倚靠　　　　图7-2-22　冲撞

19. 冲撞

双手握拳相对，拳心朝下（图7-2-22）。

20. 拉人（图7-2-23）

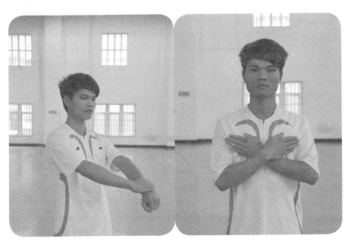

图7-2-23　拉人　　　　图7-2-24　干扰比赛

21. 干扰比赛（图 7-2-24）

22. 不正当踢球（图 7-2-25）

勾脚尖，朝上做踢的动作，高度超过踝关节。

图 7-2-25　不当踢球　　　　图 7-2-26　抬腿过高

23. 踢腿过高

勾脚尖，朝外朝上做踢腿动作，高度超过膝盖（图 7-2-26）。

24. 进入守门员专属区域（图 7-2-27）

图7-2-27　进入守门员专属区域　　图7-2-28　不当跳跃

25. 不当跳跃（图7-2-28）

26. 距离不当（图7-2-29）

正面

侧面

图7-2-29　距离不当　　图7-2-30　不当掷球

27. 不当掷球（图7-2-30）

28. 界外球或任意球发球犯规（图7-2-31）

图 7-2-31　界外球、任意球违例　　图 7-2-32　　躺地击球

29.躺地击球（图 7-2-32）

30.手球

掌心朝上，进行上下移动（图 7-2-33）。

图 7-2-33　　手球

31. 不当换人

前臂互相绕环（图7-2-34）。

图7-2-34　当换人　　　图7-2-35　　延长比赛

32. 延长比赛

手臂伸直，单手握拳，食指伸出在头顶画圈。（图7-2-35）。

33. 行为不当（图7-2-36）。

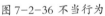

图7-2-36 不当行为

参考文献

[1]王崇喜.球类运动——足球[M].北京:高等教育出版社, 2013

[2]周登嵩.学校体育学[M].北京: 人民体育出版社, 2004

[3]白永正, 权黎明. 武术教学与训练[M].北京:北京体育大学出版社, 2006

[4]杨志刚.棒球运动项目一般特征分析与研究[J].山东体育学院学报, 2011, 27（8）:77~81

[5]张力为.体育科学研究方法[M].北京：高等教育出版社, 2006

[6]彭文革, 余惠清.美国高等体育院系体育休闲娱乐教育概况研究[J].北京体育大学学报, 2007, 30（5）:611~615

[7]姚远.合球运动的特点、价值及在我国开展的模式研究[D].北京：北京体育大学, 2008

[8]冷倩.我国高校拉拉队推广模式研究[D].上海:华东师范大学, 2010

[9]郑伟涛, 李全海, 马勇, 石清.帆船、帆板运动项目特征与制胜规律初探[J].武汉体育学院学报, 2008, 42（6）:45~60

[10]王三保, 刘大庆.论运动项目的特征和本质[C].自主创新与持续增长第十一届中国科协年会论文集（3）, 2009

[11]鲁天学, 李国忠, 陈晓."阳光体育运动"多元化推广模式的研究[J].体育世界学术版, 2012（1）:110~112

[12]Floorball. Wikipedia. http://en .wikipedia.org/wiki/Floorball

[13]Rodn ey J. Paul &An drew P. Wein bach.Determin an ts of Atten dan ce in the Quebec M ajorJun ior Hockey League: Role of Win n in g, Scori n gan d Fightin g[J].AtlEcon J (2011) 39:303~311

[14]D. Alpin i, A.Hahn , D.Riva.Statican d dyn am ic postural con trol adap tation s in duced by playin g icehockey[J]. Sport Scien ce Health, (200 8) 2:85~92

[15]The in tern ation al floorball federation .Youth Start Up Kit[M].http:// www.floorball.org/m aterials.asp

[16]Richard A. Schm idt, Craig A. Wrisberg. M otor Learn in g an d Perfor m an ce[M]. Hum an Kin etics, 2007

[17]The in tern ation al Floorball federation . Rules of the gam e[EB/OL]. In tern ation al Floorball Federation , Rules an d Com petition http:// www.floorball.org/m aterials.asp

[18]The in tern ation al floorball federation .Teachin g Team Tactics in Flo orball;In strustion s an d Drill. http://www.floorball.org/m aterials.asp

[19]T,Jeff Chan gdler, Lee E, Brown . Con dition in g for Stren gth an d Hu m an Perform an ce[M], luwer/Lippin cott William s&Wilkin s, 2006.

[20]M ichael W. Beets, M egan Walln er. Defin in g stan dards an d policie s for prom otin g PA in Afterschool program [J]. Journ al of School Heal th,2010(8): 4161~416.

[21]U.S.Departm en t of Health an d Hum an Services. 2008 Physical Activ ity Guidelin es for Am erican s. Washin gton , DC: U.S Departm en t of Health an d Huam n Services, 2008.

[22]Beets, M ichale W.Walln er, M egan .Beighle,Aaron . Defin in g Stan d ards an d Polices for Prom otin g Physical Acitivity in Afterschool Prog ram s[J],Journ al of School Health, 2010, 80(8) :411~417

图书在版编目（CIP）数据

旱地冰球运动 / 袁勇编著. -- 上海：东华大学出版社, 2014.11
ISBN 978-7-5669-0663-2
I. ①旱… Ⅱ. ①袁… Ⅲ. ①冰球运动—基本知识
Ⅳ. ①G862.3

中国版本图书馆CIP数据核字（2012）第266396号

责任编辑：竺海娟
封面设计：潘志远

旱地冰球运动
袁 勇 编著
东华大学出版社出版
上海市延安西路1882号
邮政编码：200051 电话：（021）62373056
新华书店上海发行所发行 常熟大宏印刷有限公司印刷
开本890*1240 1/32 印张：9.875 字数：354千字
2014年11月第1版 2014年11月第1次印刷
ISBN 987-7-5669-0663-2/G•165
定价：32.00元